Madame l'orthophoniste

efface toutes

vos fautes d'orthographe !

Direction éditoriale : Stéphane Chabenat
Édition : Charlotte Sperber
Conception graphique et mise en page : Soft Office
Conception graphique de la couverture : olo.éditions
Illustrations : Bénédicte Voile / vecteezy.com

Les Éditions de l'**Opportun**
16, rue Dupetit-Thouars
75003 Paris
www.editionsopportun.com

Madame l'orthophoniste
efface toutes
vos fautes d'orthographe !

Opportunéditions

Avant-propos

Voici quelques mots qu'il me tient à cœur de vous transmettre pour vous accompagner au mieux dans ce travail autour de la langue française et surtout de l'orthographe.

Je me présente : Carole, ou Madame l'orthophoniste sur les réseaux sociaux.

Orthophoniste depuis dix ans, j'accompagne des adultes et des enfants pour qu'ils progressent en orthographe.

Quotidiennement, dans mon entourage, des questions d'orthographe, de langue française me sont posées. On me demande de relire des e-mails ou encore des mémoires.

Régulièrement, j'entends : « *J'ai encore des lacunes en orthographe* » ou « *je ne suis pas mauvais en orthographe, mais je lis de moins en moins et avec les réseaux sociaux, l'inattention… j'ai l'impression de faire plus de fautes qu'avant.* »

L'orthographe, tout le monde y est confronté et ce tous les jours !

Ça me touche de voir à quel point cela impacte vos vies et que vous êtes soucieux de bien faire, de progresser.

Mes patients dysorthographiques (qui ont un trouble spécifique du langage écrit) ont souvent une façon différente d'apprendre et doivent mettre en place des stratégies pour compléter ce qu'ils apprennent ou ont appris à l'école. Très souvent, les termes de grammaire ou de conjugaison ne leur évoquent rien et ils se retrouvent « bloqués » dans leurs formations. Il faut donc mettre en place des stratégies pour contourner ces difficultés. J'essaye de leur montrer que, même s'ils ne retiennent pas ce vocabulaire spécifique, ce n'est pas grave ! Ce n'est pas indispensable pour être bon en orthographe. L'essentiel est de comprendre comment fonctionne la langue, comment elle se construit, le rôle des mots, les liens entre les mots. Ça peut alors vite devenir un jeu ! Chercher des astuces, des moyens mnémotechniques… leur est d'une grande aide.

Et si ce jeu fonctionnait pour tout le monde et pas uniquement pour les personnes dysorthographiques ?

C'est le constat que je fais régulièrement lorsque mes amis, mon entourage me questionnent sur l'orthographe. Il n'y a pas une méthode qui fonctionne pour tous. Il faut s'adapter, multiplier les idées pour mémoriser en gardant en tête l'objectif final : comprendre et être compris lorsqu'on lit et écrit. Avoir une orthographe fonctionnelle et efficace pour communiquer !

Après dix ans d'exercice professionnel, j'ai cherché comment mettre à disposition mes connaissances, mon expérience d'orthophoniste pour toucher encore plus de monde.

Ma petite sœur m'a demandé : « *Pourquoi tu ne créerais pas une page sur TikTok pour donner des astuces en orthographe ?* »

À ce moment-là, je ne connaissais pas TikTok et je n'utilisais pas non plus les réseaux sociaux.

Mais j'ai trouvé l'idée intéressante. Elle arrivait au bon moment : j'avais aussi envie de diversifier mes activités professionnelles.

La demande a été forte, plus encore que je ne l'imaginais. J'ai observé une réelle envie de progresser en orthographe chez des personnes de tous les âges, de tous les niveaux d'études et de tous les pays, incluant aussi bien des hommes que des femmes.

Nous sommes tous concernés par l'orthographe. Je tiens à vous féliciter pour votre détermination, car ce n'est pas une démarche facile.

Après TikTok, j'ai créé une page sur Instagram. Je propose des règles de langue française, mais également des quiz tous les week-ends pour s'entraîner ! Depuis quelque temps, je propose également des formations en ligne en orthographe. N'hésitez pas à vous inscrire pour y participer via le lien sur mes comptes Instagram et Tiktok !

Ces nouveaux projets ont débouché sur d'autres encore : des interventions auprès de médias santé comme Dr Good qui m'ont permis de parler des troubles tels que la dyslexie et la dysorthographie.

Cela m'a donné envie de partager plus encore que l'orthographe. L'orthophoniste prend en soin les troubles de la communication, un vaste domaine.

Nous avons tous besoin de communiquer. Je me suis rendu compte que mes connaissances dans le domaine peuvent finalement être utiles à tous et dans de nombreux contextes. Je les mets donc à disposition pour informer et pour conseiller un large public.

Ma ligne directrice : rendre accessibles des informations sur le langage, la communication, les règles d'orthographe et bien d'autres choses encore au plus grand nombre.

L'objectif : que chacun se sente plus à l'aise en écrivant, en parlant, prenne confiance, ose !

Alors certains diront que « *ce n'est pas grave de faire des fautes* » que « *tout le monde en fait* » …

Bien sûr le mot « grave » est relatif.

Je ne suis pas une puriste de l'orthographe ou de la langue française.

Je privilégie toujours ce que les gens ont à dire plutôt que la manière dont ils le disent.

Mon métier c'est d'accompagner mes patients dans l'appropriation ou la réappropriation de leur langue avec pour seul but que chacun se sente à l'aise et en confiance pour communiquer et partager.

Revenons à la langue et à l'orthographe. En France, l'orthographe conserve une importance significative, particulièrement dans le milieu professionnel. Mon but avec ce livre n'est pas de juger si cela est justifié ou non.

Une chose est sûre : les fautes d'orthographe ne représentent pas qui vous êtes ou ce dont vous êtes capable.

Peut-être que vos difficultés en orthographe ont eu un impact à un moment dans vos vies et que vous souhaitez désormais agir dessus. Peut-être qu'il est simplement question d'une passion, d'un intérêt pour la langue française, ou encore de vous rafraîchir la mémoire avec des règles que nous finissons par oublier.

J'espère que ce nouveau format vous plaira.

Merci de me faire confiance !

Le livre : mode d'emploi

Tout au long de cet ouvrage, vous trouverez des exemples simples et du quotidien afin que vous puissiez vous projeter facilement et utiliser immédiatement ce que vous apprenez.

- Un contenu adapté à tous : à ceux qui sont fâchés avec l'orthographe depuis le début de leur scolarité car la façon de l'enseigner ne leur a pas convenu ; à ceux qui veulent revoir certaines règles que l'on finit par oublier ; à ceux qui veulent juste se perfectionner ; aux parents et grands-parents qui cherchent un support, des astuces pour expliquer à leurs enfants ou petits-enfants ; aux adolescents qui commencent à prendre conscience de l'intérêt de l'orthographe, pour résumer : à TOUS !
- Mais alors, comment l'utiliser ? Je vous conseille de découvrir les règles dans l'ordre proposé. Une règle ou deux par jour. Pas plus ! Ça ne sert à rien d'emmagasiner tout un tas de règles trop rapidement. Le cerveau a besoin de temps pour les assimiler. L'alternance de règles de différents niveaux permet de rendre les apprentissages plus « digestes ». Au fil du livre, vous trouverez des conseils pour apprendre plus efficacement, des rappels et beaucoup d'autres astuces qui vous donneront goût à l'orthographe !

- Des pauses orthographe ! Le contenu porte majoritairement sur l'orthographe mais aussi sur la langue française en général (expressions, vocabulaire…)
- Pour vous entraîner et rendre la lecture plus agréable, des quiz et leurs corrections sont proposés à la fin de chaque règle.
- Une mise en page pensée pour faciliter la lecture et les apprentissages : une présentation aérée, l'espacement adapté entre les lignes, le choix de la police d'écriture, des couleurs, un repérage des informations importantes facilité (reprise de la même structure) tout au long de l'ouvrage, « les mêmes informations » aux « mêmes endroits ».
- Des rappels ! J'en ferai régulièrement car la répétition fait partie du processus d'apprentissage. Il est nécessaire de répéter pour consolider les connaissances.
- Des astuces ! Pour la majorité des règles, je vous propose des astuces. Certaines que vous connaissez déjà, d'autres que j'ai imaginées pour et avec mes patients, d'autres encore que vous me transmettez sur les réseaux sociaux. Trouvez aussi vos propres astuces !
- La rubrique *Le conseil de Madame l'orthophoniste* que vous retrouverez au fil de l'ouvrage. Je ne veux pas seulement vous proposer une liste de règles que vous pouvez retrouver sur Internet. Je veux vous transmettre davantage. Vous constaterez que pour progresser en orthographe, plusieurs outils peuvent vous aider.

Introduction : avant de commencer

Je vous invite à lire ces quelques lignes qui feront la différence pour la suite de votre formation. Comment cinq des piliers des apprentissages basés sur les neurosciences peuvent vous aider en orthographe ? (Et c'est valable pour TOUS les apprentissages !).

Progresser en orthographe, ce n'est pas simplement emmagasiner un ensemble de règles.

Je vous propose du contenu chaque semaine sur TikTok et Instagram mais l'apprentissage de l'orthographe implique davantage, notamment si vous voulez être encore plus performant.

Tout au long de cet ouvrage, je vous proposerai une véritable méthode, des astuces, qui feront la différence et vous permettront d'évoluer pleinement.

Je veux vous transmettre **plus** pour vous permettre de retenir **efficacement** et **durablement** ce que nous voyons ensemble.

Quels sont ces cinq piliers ?

LE PREMIER PILIER : L'ATTENTION

On ne peut pas apprendre sans prêter attention à ce qui doit être appris. Pour vous aider à rester attentif, voici quelques questions à vous poser :

Quel est mon objectif en progressant en orthographe ?

Quel intérêt ai-je à progresser en orthographe ?

Définissez votre « pourquoi » vous souhaitez vous améliorer. Cela vous servira de motivation et donnera du sens à l'acte d'apprendre.

Votre cerveau se mettra en projet de retenir ce qui lui est proposé. L'effort fourni sera différent, vous serez moins passif et vous retiendrez plus efficacement !

Écrivez ici votre POURQUOI :

____

____

____

____

____

Pour chaque règle, chaque mot appris, fixez-vous un objectif :

- La réexpliquer à votre enfant, ami, etc.
- Vous la remémorer dans l'heure, dans la semaine
- Imaginer une situation dans laquelle vous serez amené à l'utiliser
- Mettre en application ce que vous avez appris dès que possible

Plus votre cerveau saura précisément pourquoi et pour quand il apprend, plus l'attention que vous porterez à ce que vous apprenez sera élevée. Et plus la mémorisation sera efficace.

Vous connaissez par cœur votre discours pour votre prochaine réunion ou votre cours pour le devoir surveillé, pourtant le jour J vous ne vous en souvenez plus !

Nous avons tous déjà été confrontés à cette situation et nous avons tous déjà dit : « *Mais je le connaissais par cœur hier !* »

Si vous n'avez pas le projet de vous en souvenir sur du long terme, alors votre cerveau fera du tri et les apprentissages ne resteront pas en mémoire.

Cela peut paraître simpliste et évident comme conseil mais je vous assure que ça fera une différence.

Par exemple, prenez le temps de vous dire clairement : « *Je dois m'en souvenir car cette semaine j'ai un e-mail à écrire à mon directeur et je vais devoir utiliser cette règle.* »

Vous avez compris le principe ?

DEUXIÈME PILIER : LA RÉPÉTITION

Plus le cerveau est sollicité pour répéter une action, plus cette action sera effectuée rapidement et facilement.

Les neurosciences montrent qu'en réactivant les nouvelles informations, nous les consolidons.

C'est le cas pour l'orthographe : il est, souvent, nécessaire de rencontrer un mot plusieurs fois pour l'écrire correctement.

L'objectif final est de développer des automatismes.

Plus vous mettrez en application une règle d'orthographe, plus vous l'utiliserez de façon automatique, sans effort !

Alors revoyez régulièrement les règles proposées dans cet ouvrage, sur TikTok ou Instagram et essayez d'y penser lorsque vous écrivez au quotidien.

Selon les neurosciences, notre cerveau fonctionne en créant des connexions entre les neurones, formant ainsi des circuits qui représentent les connaissances et les compétences que nous acquérons. Lorsque nous apprenons une nouvelle règle orthographique, ces connexions sont encore fragiles et peu développées. En répétant cette règle à plusieurs reprises, nous activons les mêmes circuits neuronaux à chaque rappel, renforçant ainsi les connexions existantes et en créant de nouvelles.

Réviser une règle à intervalles réguliers permettra également de stimuler les processus de rappel et de consolidation à des moments précis et améliorera la mémorisation à long terme.

TROISIÈME PILIER : L'ENGAGEMENT ACTIF !

Il est nécessaire d'agir pour mieux retenir.

La réflexion lors d'une tâche d'apprentissage permet de passer d'un apprentissage en surface à un apprentissage en profondeur.

Il a été démontré que les quiz ou les jeux permettent de mieux intégrer les nouveaux apprentissages.

Je commence souvent mes explications en vous questionnant (quelle est la faute ici ? Quelle proposition est correcte ? …).

Soyez acteur !

Lorsque vous voulez apprendre et mémoriser une nouvelle notion : interrogez-vous, revenez en arrière quand vous le pouvez (vidéos, livres, cours…), et posez des questions quand vous en avez.

L'apprentissage est optimal lorsqu'on alterne enseignement explicite et des tests de connaissances par le biais de quiz, de jeux…

Au fil de l'ouvrage, je propose des quiz sur les nouveautés mais aussi des quiz de révisions.

Ils sont utiles pour faire le point sur les connaissances préalablement acquises et celles à consolider. Vous saurez ainsi sur quoi concentrer toute votre attention. En répondant à des questions, vous réactivez les informations stockées dans votre mémoire et renforcez ainsi les connexions neuronales associées à ces connaissances.

Avec les quiz, vous prenez du plaisir, vous n'avez pas l'impression de faire un effort particulier et cela vous motive. Cette expérience positive renforce l'envie de continuer à apprendre !

Vous devez réfléchir, prendre des décisions, résoudre des problèmes et appliquer vos connaissances pour réussir. Cette participation active renforce l'apprentissage et améliore la compréhension et la rétention des informations.

Cela vous permet également d'identifier instantanément vos forces et vos faiblesses et ainsi de consolider les connaissances nécessaires.

QUATRIÈME PILIER : LE RETOUR D'INFORMATION

Osez faire des erreurs, osez vous tromper !

Il est normal de se tromper lorsqu'on apprend.

Les neurosciences démontrent que l'erreur et l'incertitude sont fréquentes et indispensables lors du processus d'apprentissage.

Les encouragements et la conscience de progresser stimulent l'apprentissage.

Alors tentez, trompez-vous, posez-vous des questions, cherchez l'information…

En bref, soyez CURIEUX !

Tout cela fait partie du processus d'apprentissage.

CINQUIÈME PILIER : LES PAUSES !

Quel est le rapport entre orthographe et sommeil/repos me direz-vous ?

L'apprentissage de l'orthographe, d'une langue nécessite des temps de repos. Nous voulons aller vite, mais c'est souvent contre-productif. Le cerveau a besoin d'un temps pour intégrer les informations.

Voilà pourquoi dans cet ouvrage, je vous invite à suivre la progression proposée : ne le dévorez pas en une nuit mais ne le sortez pas une fois par mois seulement non plus !

Vous en tirerez tous les bénéfices en suivant le rythme que je vous propose.

La méthode des petits pas vous permettra d'avancer progressivement mais efficacement. Lorsque vous apprenez une règle, la nuit, le travail se poursuit sans effort ! C'est à ce moment-là que votre cerveau fait le tri de toutes les informations de la journée. Pour schématiser : il garde celles jugées nécessaires puis les « range » au bon endroit et met de côté les autres.

Ces quelques conseils vous seront utiles, j'en suis certaine, et ils feront la différence !

Les niveaux de langue

Afin de comprendre comment j'ai choisi les différentes règles, les mots et les expressions que vous allez rencontrer tout au long de cet ouvrage, prenez le temps de lire ces quelques lignes.

Vous ne parlez pas de la même façon à vos amis, à votre famille, à vos collègues ou à votre directeur. Vous n'écrivez pas toujours comme vous parlez non plus.

Que ce soit un SMS, un courrier, un e-mail : là encore le langage peut varier.

Dans ce livre, je propose des mots, des phrases, des expressions ou des locutions que nous entendons, que nous connaissons et que nous utilisons (plus ou moins souvent).

J'ai essayé d'être au plus proche de la pratique, d'une langue française « universelle ».

Mon objectif n'est pas de vous dire : « *Il faut que vous parliez ou écriviez de cette façon car c'est la seule, l'unique et la bonne.* »

La langue vit, elle sert à communiquer.

Il y a des codes, des normes avec lesquels nous pouvons jouer, que nous pouvons faire bouger dans une certaine mesure.

Je vous expose ici les règles en vigueur « officiellement » en 2023 et des astuces pour les retenir et les appliquer.

Certaines sont plus strictes que d'autres et nous pouvons moins y déroger.

Dans des écrits formels, certaines tournures ne s'emploient pas (encore), d'autres sont préférables.

Je vous donne des outils, à vous de les utiliser comme vous le souhaitez.

LE CONSEIL DE MADAME L'ORTHOPHONISTE !

Mon premier conseil avant de commencer : avançons progressivement !

Écrire sans aucune faute ne va pas se faire en une semaine. C'est un peu comme le sport, finalement. Fixez-vous des objectifs réalistes. Envisagez votre progression sur du long terme. Si vous voyez la montagne, vous allez vous décourager. Certains ne commencent pas ou abandonnent parce qu'ils veulent aller trop vite.

Tout au long de l'ouvrage, je fais des rappels. C'est normal ! Cela ne sert à rien de constituer un stock de connaissances, de règles, si déjà vous ne maîtrisez pas les premières. Il faut du temps. Il faut rencontrer une règle plusieurs fois pour la retenir durablement.

Alors, prenez votre temps et ne vous mettez pas de pression inutile.

RÈGLE NUMÉRO 1

« a » ou « à » ?

Il… une nouvelle voiture
et passe son temps… conduire.

Comment les différencier ?

« **a** » sans accent, c'est « **avoir** » au présent.

Essayez donc de remplacer « **a** » par « **avait** », c'est-à-dire « avoir » mais à un autre temps.

➔ « Il **a** tout compris » = « Il **avait** tout compris ».

Ça fonctionne ! Vous savez donc qu'il faut écrire « a » sans accent.

La petite astuce

« **avait** » s'écrit sans accent donc « **a** » s'écrit sans accent également.

Si vous ne pouvez pas remplacer par « avait », alors c'est « à » avec accent. Cela désigne souvent un lieu, une destination.

➔ « Il va à la gare. »

Pouvez-vous dire : « Il va avait la gare » ? Non, c'est donc « **à** » **avec accent**.

On s'entraîne !

CONSIGNE : Complétez par « a » ou « à ».

1. Il est arrivé … midi.

2. Il hésite … partir en vacances.

3. Il … plu tout le week-end et elle … dû renoncer … partir en randonnée.

Solutions page 353

ON FAIT LE POINT !

Avant de poursuivre, petit STOP et retour en arrière.

Je veux que vous preniez quelques instants pour vous remémorer ce que vous avez appris. Sans regarder la page précédente, attention !

Vous vous en souvenez ?

Si vous deviez expliquer la règle et les astuces apprises à quelqu'un de votre entourage, en seriez-vous capable ?

Oui ? Vous pouvez passer à la règle du jour.

Non ? Retour à la page précédente et revoyez la règle.

LE CONSEIL DE MADAME L'ORTHOPHONISTE !

Faites cette démarche régulièrement : ravivez vos souvenirs ! Faites le point sur ce que vous avez retenu. Et quand une règle ne semble pas acquise : revoyez-la.

RÈGLE NUMÉRO 2

« ou » ou « où » ?

... est-il ? Chez ses parents... avec ses amis ?

Comment les différencier ?

« **où** » avec accent est utilisé pour parler d'un lieu : « J'irai où tu iras. »

➡ Ici, on parle bien d'**un endroit**.

La petite astuce

L'accent du « où » peut être imaginé comme une petite flèche désignant l'endroit **où** l'on se rend. ↖

Dans la phrase « où vas-tu ? », il est bien question d'un endroit.

« **Ou** » sans accent permet de proposer une alternative.

➡ « Voulez-vous ce gâteau ou cette tarte ? »

C'est donc ce gâteau **ou bien** cette tarte.

Dans notre exemple, il fallait donc écrire « **Où** est-il ? Chez ses parents **ou** avec ses amis ? »

On s'entraîne !

CONSIGNE : Complétez par « ou » / « où »

1. … partez-vous en vacances cet été ?

2. … c'est une blague, … c'est l'information la plus stupéfiante que j'aie jamais entendue.

3. Sais-tu … je peux acheter ce canapé ?

Solutions page 353

RÈGLE NUMÉRO 3

« pallier » ou « pallier à » ?

Il … ses difficultés en achetant un manuel d'orthographe.

Comment les différencier ?

« **Pallier** » signifie « éviter, atténuer ».

Vous direz donc : « Il **pallie** ses difficultés en achetant un manuel d'orthographe » dans le sens « pour **éviter** ses difficultés ».

La petite astuce

Vous ne dites pas « pour éviter **à** ses difficultés » ? Donc, vous ne dites pas non plus « pour pallier à ».

On s'entraîne !

CONSIGNE : Imaginez une situation où vous devez utiliser le mot « pallier » et écrivez la phrase.

RÈGLE NUMÉRO 4

Doit-on mettre une majuscule à « français » ?

Beaucoup de … ne parlent pas…

Quelle est l'explication ?

La règle qui suit est la même pour « italien », « parisien », « espagnol », c'est-à-dire tous les mots dérivés de noms de pays, de villes, de régions…

Vous ne mettrez pas de majuscule si vous parlez de la **langue**.

➡ « Il parle **f**rançais », « Il parle **c**hinois ».

Vous ne mettrez pas non plus de majuscule si vous parlez d'une **caractéristique**.

➡ « un acteur **f**rançais », « un vin **i**talien ».

Vous mettrez une majuscule lorsque vous parlez des **habitants**.

➡ « J'ai rencontré une **F**rançaise, une **I**talienne, un **P**arisien ».

Attention au cas particulier !

Tout le monde n'est pas d'accord mais l'Académie française recommande de mettre une minuscule à « français » dans la tournure suivante :

➡ « **Il** est **f**rançais ».

On s'entraîne !

CONSIGNE : Entourez le bon mot.

1. Elle est d'origine bretonne / Bretonne et raffole des crêpes.

2. Elle est mexicaine / Mexicaine et vit aux États-Unis depuis dix ans.

3. Les marseillais / Marseillais aiment leur ville avec passion.

4. Ils apprennent le chinois / Chinois dès leur plus jeune âge.

Solutions page 353

ON FAIT LE POINT !

Je vous ai déjà proposé quatre règles.

Essayez de vous les remémorer.

Vous vous en souvenez ? Vous les connaissez ? Vous avez réussi à les appliquer ces derniers jours ?

Si ce n'est pas le cas, je vous invite à les revoir.

Mon but n'est pas simplement de vous « distribuer » des règles et que vous n'en retenіez rien. Peut-être que ça a été le cas pendant votre scolarité et aujourd'hui vous rencontrez donc quelques difficultés en orthographe.

Évitons de reproduire le même schéma. Il faut mettre en place une **méthode** plus globale si vous voulez progresser.

Alors si vous doutez encore lorsque vous voulez utiliser les règles vues précédemment, ce n'est pas grave et c'est même tout à fait **normal**.

N'oubliez pas, pour automatiser, il faut **répéter** !

RÈGLE NUMÉRO 5

« cession » ou « session » ?

Je propose une… de patientèle dans un village du Tarn.

Comment les différencier ?

Si dans votre phrase vous voulez exprimer l'action de **céder**, dans le sens donner la propriété de quelque chose à quelqu'un, alors vous écrirez « cession ».

Si vous souhaitez parler d'une **période**, alors vous écrirez « **s**ession ».

À l'origine, « une session » est une période durant laquelle une assemblée siège.

La petite astuce

Vous retrouvez la lettre **C** de **C**ession dans « **C**éder ».

Un médecin parlera d'une **c**ession de patientèle s'il cède sa patientèle. Nous parlerons aussi d'une **c**ession de biens.

Vous retrouvez le **S** dans « **s**ession » et « **s**iège ». Vous écrirez également « une **s**ession de travail » ou direz « ouvrir une **s**ession informatique » (une période durant laquelle nous pouvons utiliser un ordinateur par exemple).

On s'entraîne !

CONSIGNE : « cession » ou « session » ? Il faut choisir !

1. J'ai ouvert une … « invité » sur mon ordinateur, tu peux t'en servir.

2. La … de patientèle se pratique de plus en plus.

3. Il y aura une … de rattrapage pour ceux qui le souhaitent.

Solutions page 353

LE CONSEIL DE MADAME L'ORTHOPHONISTE !

Pensez aux régularités ! Faites des analogies.

Vous hésitez sur l'orthographe d'un mot ? Pensez à un mot que vous connaissez et dans lequel vous entendez le même son. Vous savez écrire ce mot. Il peut certainement vous aider à correctement en orthographier un autre.

Prenons un exemple.

Le son O peut s'écrire de différentes façons en français : o, eau, au.

On a remarqué que dans la langue française, en fin de mot, la graphie EAU est plus fréquente.

Appuyez-vous sur ces observations lorsque vous doutez de l'orthographe d'un mot. Vous avez moins de chances de vous tromper en écrivant EAU en fin de mot plutôt que O par exemple. —> bateau, radeau, chameau...

Un autre exemple.

Vous savez écrire « bonne » ?

Vous pouvez vous en servir pour écrire tonne, couronne, colonne.

Vous savez écrire « animal », servez-vous de cela pour écrire bocal, général, maréchal.

PAUSE ORTHO'

On dit « un » ou « une » ? PARTIE 1

Qui ne s'est pas déjà posé la question ?

Il y a certains mots pour lesquels nous hésitons, nous vérifions et... nous oublions aussitôt !

Pour éviter de vous perturber davantage, voici une liste (courte) avec des mots masculins uniquement, fréquemment employés.

Vous devriez retenir plus facilement.

Attention, soyez bien attentif car dans quelques pages, je vous proposerai un petit quiz sur ce qui va suivre.

Six mots qui sèment le doute mais qui sont bien... **masculins** !
Il faut dire « **un** » :

UN astérisque

Vous savez, c'est le signe typographique en forme d'étoile qui indique un renvoi, une note explicative : *

J'ai ajouté **un** astérisque pour apporter quelques précisions.

La petite astuce

On dit **un** signe, on dit **un** astérisque également.

UN haltère

Même les profs de sport se trompent parfois mais **haltère** est bien masculin.

La petite astuce

On dit **un** poids donc c'est **un** haltère.

LE Wi-Fi

Je suis certaine que vous avez déjà douté en le disant :

➡ Je n'arrive pas à me connecter… au Wi-Fi ? à la Wi-Fi ?

La bonne réponse est la première : Je n'arrive pas à me connecter **au** Wi-Fi.

Wi-Fi est donc employé au masculin.

Deux orthographes sont admises : WiFi et Wi-Fi.

UN éloge

C'est un compliment, des félicitations.

La petite astuce

Pensez à « compliment » : vous dites « un compliment », donc c'est « un éloge ».

➡ Il a fait **un** éloge de son travail.

UN tentacule

C'est le bras des poulpes, des calmars, des pieuvres…

La petite astuce

Vous dites : « un bras » donc « un tentacule ».

➡ Ses tentacules sont effrayants ! (et non « effrayantes »)

UN en-tête

C'est l'inscription en haut d'un papier officiel, commercial ou en informatique, la partie initiale d'un message qui contient des informations extérieures au texte.

Oui, « tête » est féminin et peut vous induire en erreur mais vous direz bien :

➡ Ajoute **un** en-tête à ton courrier, c'est plus professionnel.

RÈGLE NUMÉRO 6

« bon après-midi » ou « bonne après-midi » ?

Je te souhaite…
après-midi !

Comment les différencier ?

« **Bon** » ou « **Bonne** » est rattaché à « après-midi ».

Il faut se poser la question : « après-midi » est féminin ou masculin ?

Dit-on « un après-midi » ou « une après-midi » ?

Eh bien, les deux sont possibles !

L'Académie française recommande cependant de considérer que « après-midi » est masculin et vous écrirez donc « bon ».

La petite astuce

On dit **un** midi, donc **un** après-midi, donc **un bon** après-midi.

Nous prononçons « bonne » car il y a la liaison entre « bon » et « après-midi ».

Si vous souhaitez insister sur la durée, vous pouvez utiliser le féminin. Vous direz par exemple : « Il est allé au cinéma toute l'après-midi ! »

La petite info en +

Ici, vous n'avez pas le choix, vous écrirez : « Je te souhaite **un bon** anniversaire. »

On s'entraîne !

CONSIGNE : Inventez une phrase avec le mot « après-midi ».

Un ami arrive chez vous pour l'apéritif et vous lui dites :

Je t'en prie, mets-toi à l'aise, assis-toi là !

Quelle est l'explication ?

Eh bien, c'est faux.

Alors, que devez-vous dire à la place ?

Il y a deux formes possibles. Vous pouvez lui dire « **assois**-toi… » ou encore « **assieds**-toi… »

Vous utiliserez **assis** dans les phrases comme : « Il est assis ».

La petite astuce

Il y a un **S** car vous direz « elle est assise » au féminin.

RÈGLE NUMÉRO 8

3 fautes

« Je repeinds » ; « tu crainds » ; « il joind ».

Quelle est l'explication ?

Pour les verbes se terminant par « indre » comme « peindre », « joindre » ou « craindre », au présent, vous devez enlever le **D** et écrire :

- je repeins, tu repeins, il repeint.
- je crains, tu crains, il craint
- je joins, tu joins, il joint

On s'entraîne !

CONSIGNE : Complétez les phrases suivantes avec la bonne orthographe des verbes.

1. Je … tous les murs en blanc. (repeindre)

2. Il … son CV à sa lettre de motivation. (joindre)

3. Tu … de le vexer si tu ne viens pas ce soir ? (craindre)

Solutions page 353

RÈGLE NUMÉRO 9

« tant pis », « tampis » ou « temps pis » ?

… pour toi !

Quelle est l'explication ?

Tant pis ? Tampis ? Temps pis ?

J'imagine que vous avez déjà douté en l'écrivant et peut-être doutez-vous encore plus en voyant toutes les possibilités que je vous propose.

Vous devez l'écrire en deux mots : « **Tant** » qui indique une notion d'intensité ou de quantité et « **pis** » qui a donné « pire ».

« Tant pis » signifie : « C'est dommage, ce n'est pas grave. »

Vous pourrez, par exemple, dire :

➔ « Tu n'es pas là ? **Tant pis**, nous partons sans toi. »

L'explication de ces deux termes devrait vous permettre de savoir qu'il faut écrire « tant pis » en deux mots.

On s'entraîne !

CONSIGNE : Inventez une phrase avec cette locution.

RÈGLE NUMÉRO 10

« mille », « milles » ou « mil » ?

Il gagne des… et des cents.
Le bateau est à dix… des côtes.
Il a été construit en l'an… dix.

Quelle est l'explication ?

Historiquement « **Mil** » est pour le singulier et « **mille** » pour le pluriel.

Comme « mille » est déjà un pluriel, il n'y a donc pas besoin de lui ajouter un **S**.

Il n'y a pas de **S** à « mille » lorsque c'est un numéral.

Vous écrirez donc :

➔ « Il gagne des **mille** et des cents » ou encore « Il y a dix **mille** spectateurs ».

Vous pouvez utiliser « **mil** » dans les dates de 1001 à 1999.

➔ Il a été construit en l'an **mil** dix.

Mais « **mille** » est possible également.

Vous pouvez rencontrer le mot « **milles** » avec un **S** lorsqu'il s'agit de l'unité de mesure en navigation :

➡ « Le bateau est à dix **milles** des côtes. »

La petite info en +

Le singulier, c'est lorsqu'il y a une seule unité.

Le pluriel, c'est lorsqu'il y en a plusieurs.

On s'entraîne !

CONSIGNE : Complétez par « mil », « mille » ou « milles ».

1. Il a gagné … euros de plus que le mois dernier.

2. La bataille d'Hastings a eu lieu le quatorze octobre … soixante-six.

3. Ils sont à trois … marins de la côte et arriveront avant la nuit.

Solutions page 354

LE CONSEIL DE MADAME L'ORTHOPHONISTE !

Pour retenir efficacement une règle, un apprentissage ou encore du vocabulaire, il est important de multiplier les entrées sensorielles.

Autrement dit, utilisez **tous vos sens** !! La vue, l'ouïe...

Pour toutes ces règles, vous pouvez trouver les vidéos correspondantes sur mes comptes TikTok et Instagram.

Si vous êtes plus à l'aise avec des couleurs, des schémas, reprenez les règles et « représentez-les » à votre façon. Pensez à la technique des cartes mentales (ou *mind mapping*).

Non, vous n'êtes pas « visuel » ou « auditif »... Vous vous sentez certainement plus à l'aise avec certaines techniques mais il a été démontré que c'est la multiplicité des entrées sensorielles qui permet des apprentissages solides.

RÈGLE NUMÉRO 11

« fesons » ou « faisons » ?

Nous… attention !

Quelle est l'explication ?

Nous entendons le son « **e** » mais il ne faut pas l'écrire : c'est une faute.

Il faudra écrire : « Nous **faisons** attention ! » où **faisons** est dérivé de « faire » qui s'écrit « **ai** ».

Nous gardons la même racine lorsque nous écrivons : « nous **fai**sons », « en **fai**sant ».

Apparemment, au XVIe siècle, les Parisiens prononçaient « fesant » au lieu de « faisant » et c'est cette erreur de prononciation qui a prévalu.

L'orthographe est restée !

On s'entraîne !

CONSIGNE : Complétez les phrases suivantes :

1. C'est en … qu'on apprend.

2. Si vous … plus attention, ça n'arriverait pas.

3. Nous … tout ce que nous pouvons pour vous satisfaire mais vous n'êtes jamais content.

Solutions page 354

RÈGLE NUMÉRO 12

« euro » ou « euros » ?

J'ai acheté cette baguette 1,90...

Comment les différencier ?

Le **S** en français est la marque du pluriel, pour dire qu'il y en a plusieurs.

Le pluriel sera utilisé à partir de deux unités.

Vous écrivez donc :

➔ « il coûte 1,90 eur**o** » car il n'y en a pas 2.

De la même façon, vous écrirez :

➔ « il pèse 1,5 kil**o** ».

Par contre, « il a couru 2 kilomètre**s** » avec un S car il y en a 2.

La petite info en +

Il n'y a que sur les billets ou les pièces de monnaie que le mot « euro » n'aura jamais de **S**.

C'est le nom de la monnaie unique et ces pièces et billets circulent sur tout le territoire des pays de l'Union monétaire.

Le S du pluriel est une règle de grammaire française.

Les règles du pluriel diffèrent d'un pays à l'autre.

Pour éviter des problèmes de compréhension, le nom de la devise « euro » est indiqué. Il n'y aura jamais de S à « euro », quelle que soit la somme.

On s'entraîne !

CONSIGNE : Complétez les phrases suivantes avec les mots bien orthographiés.

1. euro ou euros ?

Le pain au chocolat coûte moins de deux …

2. kilo ou kilos ?

Il a pris 1,5 … pendant sa semaine de vacances.

3. mètre ou mètres ?

Je ne dépasse pas les 1,90 …

Solutions page 354

RÈGLE NUMÉRO 13

« un espèce » ou « une espèce » ?

Il a … espèce de charme indescriptible.

Quelle est l'explication ?

« Espèce » est un nom féminin et il doit « bien aller » avec le petit mot juste avant. Nous dirons bien :

➔ « Il a **une** espèce de charme. »

La petite astuce

Pour vous aider, pensez qu'« une espèce de » signifie « une sorte de ».

Vous dites bien : « **une** sorte » donc « **une** espèce », peu importe ce qui suit « espèce », que ce soit un mot féminin ou masculin comme ici « un charme ».

On s'entraîne !

CONSIGNE : Inventez deux phrases avec le mot « espèce » qui signifie « sorte ».

1. ______________________________

2. ______________________________

RÈGLE NUMÉRO 14

« le prolongement » ou « la prolongation » ?

J'ai demandé … de mon contrat.

Comment les différencier ?

Devez-vous dire **le prolongement** ou **la prolongation** de mon contrat ?

Quelle est la différence entre ces mots ?

Les deux signifient : « augmenter, rendre plus long ».

Mais il y a une petite nuance.

Vous utiliserez le mot **prolongation** lorsque c'est une phrase liée au temps. Ça signifie un délai supplémentaire.

Vous direz donc **la prolongation d'un arrêt de travail** ou d'un contrat de travail ; c'est lorsqu'on accorde un délai supplémentaire. Il y a bien une notion de **temps**.

Le prolongement, c'est lorsqu'il y a une notion d'espace, le prolongement d'une route par exemple, ou le prolongement de ma réflexion. C'est une notion plus abstraite. C'est la suite de ma réflexion.

La petite astuce

Pour ne pas vous tromper entre les deux, pensez au foot.

La prolongation, c'est le temps supplémentaire à la fin d'un match. Donc, quand il y a une notion de temps, c'est bien **prolongation** que vous devez utiliser.

On s'entraîne !

CONSIGNE : Complétez les phrases avec les mots « le prolongement » ou « la prolongation ».

1. … du contrat a été acceptée par les deux parties.

2. … de l'exposition au Grand Palais a attiré de nombreux visiteurs.

3. La terrasse est dans … du salon.

4. L'architecte a conçu une extension et … est en harmonie avec la maison.

Solutions page 354

LE CONSEIL DE MADAME L'ORTHOPHONISTE !

Prenez quelques instants pour relire les règles vues jusqu'à présent.

Ces prochains jours, si vous devez mettre en application une de ces règles : pensez aux astuces que je vous ai données et utilisez-les !

Et si vous ne vous en souvenez plus, lisez-les de nouveau. Pas « après » !

Non. Au moment où vous en avez besoin.

Vous retiendrez mieux.

RÈGLE NUMÉRO 15

« entretien » ou « entretient » ?

Il passe un … d'embauche.

Comment les différencier ?

« Entretien » avec et sans T, les deux existent ! Mais ici, lequel devez-vous utiliser ?

Entretien sans T c'est le nom.

➡ Vous direz donc qu'il passe un **entretien** d'embauche.

Vous avez le « un » devant. Ça signifie : « une entrevue ».

➡ Il s'entretien**t** avec son client.

Vous mettrez un « t », c'est la terminaison avec « il ».

La petite astuce

Vous pouvez remplacer « Il s'entretient » par « Il s'entretenait » (« entretenir » conjugué à un autre temps) : « il s'entretenait avec son client. »

La petite info en +

C'est la même chose pour soutie**n** et soutien**t**.

C'est « **un** vrai soutie**n** », c'est le nom. Il y a « **un** » devant. Ça signifie une aide.

Mais, vous écrirez : « Il le soutien**t** » avec un « **t** », c'est la terminaison avec « il ».

Si vous pouvez remplacer par : « Il le soutenait », alors vous mettez un « t » à soutien.

On s'entraîne !

CONSIGNE : Complétez avec la bonne forme du mot « entretien » ou « entretient ».

1. Il … son jardin chaque jour.

2. Il aura plusieurs … avant de rencontrer le directeur.

Inventez une phrase avec les mots « soutien » et « soutient » :

____

____

Solutions page 354

RÈGLE NUMÉRO 16

« omnubilé » ou « obnubilé » ou « obnibulé » ou « omnibulé » ?

Il est… par ses problèmes.

Quelle est l'explication ?

Nous poursuivons avec un petit casse-tête ! Je suis sûre qu'en voyant ces quatre mots, vous doutez.

Ne doutez pas plus longtemps : seul **obnubilé** est correct !

Obnubilé = obsédé par ses problèmes.

Les petites astuces

Vous retrouvez le B dans o**b**sédé et dans o**b**nubilé.

Ce mot vient du latin *obnubilare* qui signifie « couvrir de nuages ».

Vous retrouvez le **nu** de nuages dans ob**nu**biler.

Dans un sens un peu plus imagé, si vous avez l'esprit obnubilé par quelque chose, votre esprit est couvert de nuages. On peut dire qu'il est obsédé par cette chose, il ne pense qu'à ça.

On s'entraîne !

CONSIGNE : À vous d'inventer et d'écrire une phrase avec ce mot.

RÈGLE NUMÉRO 17

« On est » ou « on n'est » ?

On ne peut pas venir à votre mariage.
On est pas là ! On est en vacances.

Quelle est l'explication ?

Une erreur que l'on retrouve souvent à l'écrit, c'est l'oubli du **n'** dans une phrase comme « On **n**'est pas là. »

C'est une phrase négative : ça signifie que vous **ne** pourrez **pas** être là.

Mais vous ne dites pas : « on ne est pas là. » C'est difficile à prononcer avec les deux E qui se suivent. On enlève le « E » de « ne » et on le remplace par l'apostrophe.

La petite astuce

Vous pouvez remplacer par : « nous ne sommes pas là », ça vous permettra de lever le doute.

Si maintenant vous dites : « on est en vacances », c'est une phrase affirmative, vous pouvez remplacer par « nous sommes en vacances ».

On entend « on n'est », mais c'est la liaison entre « on » et « est ».

Si vous dites de la même façon : « on n'a rien fait », vous écrirez le **n'**.

Vous pouvez remplacer par « nous n'avons rien fait ».

Vous écrirez également « On n'est que deux » avec l'apostrophe. Ça signifie : « nous ne sommes que deux » et ça exprime la restriction.

On s'entraîne !

CONSIGNE : Complétez les phrases suivantes avec les bonnes formes des verbes entre parenthèses.

1. On … sûr de rien ! (être)

2. On … jamais entendu ça avant aujourd'hui. (avoir)

3. On … fini de dîner vers 21 h. (finir)

4. On … le public que le spectacle est annulé ? (informer)

Solutions page 354

LE CONSEIL DE MADAME L'ORTHOPHONISTE !

Avant d'écrire, prenez le temps de réfléchir au sens de votre message afin d'éviter les erreurs d'orthographe. Posez-vous des questions sur l'action : qui fait l'action ? Le rôle de chaque mot ; les liens entre les mots ; Quand se passe l'action ? Pour savoir quel temps de conjugaison utiliser.

Pour résumer, n'écrivez pas en « pilote automatique ».

RÈGLE NUMÉRO 18

« solutionner », « candidater », « postuler »

Comment les utiliser ?

Point vocabulaire

Nous entendons régulièrement ces mots mais existent-ils vraiment et comment les employer ?

« Solutionner » est admis mais jugé comme disgracieux par l'Académie française. Il signifie « résoudre » et vient du mot « solution ». Dans vos écrits officiels, préférez donc « résoudre ».

« Candidater » est admis. Ça signifie « se porter candidat », « poser sa candidature ». Mais il est préférable également d'utiliser « se porter candidat » à l'écrit.

Postuler **à** ou postuler **pour** ?

Eh bien, aucun des deux !

Si vous l'utilisez lorsque vous recherchez un emploi, vous devrez simplement dire : « je **postule un** emploi de secrétaire » par exemple. Pas besoin de **à** ni de **pour**.

On s'entraîne !

CONSIGNE : Inventez une phrase avec chacun des mots suivants :

- solutionner
- candidater
- postuler

RÈGLE NUMÉRO 19

« laquelle » ou « lesquelles » ?

C'est une des raisons pour… j'aime vivre ici.

Quelle est l'explication ?

La réponse va sembler évidente pour beaucoup d'entre vous. Mais prenez le temps de regarder la phrase de plus près et d'y réfléchir.

Si vous dites : « c'est une des raisons pour **laquelle** je vis ici », vous mettez l'accent sur **cette** raison spécifique que vous mentionnez en précisant qu'il y a plusieurs raisons et que c'est l'**une** d'elles. Mais dans votre conversation, cette raison a une grande importance.

Vous utiliserez « laquelle » pour faire une sorte d'effet d'insistance sur cette raison.

Alors que si vous dites : « c'est une des raisons pour **lesquelles** j'aime vivre ici », vous mettez en avant qu'il y a **plusieurs** raisons.

C'est une raison mais **parmi tant d'autres**. Il y en a beaucoup qui vous ont poussé à vivre ici, et c'est loin d'être la seule et la plus importante.

Si vous voulez une réponse plus tranchée, il est préférable d'utiliser « lesquelles ».

La formulation avec « lesquelles » est plus formelle, plus correcte grammaticalement que celle avec « laquelle ».

Le choix va surtout dépendre du niveau de langage que vous choisissez d'utiliser et donc de la personne à qui vous vous adressez et de l'effet recherché.

On s'entraîne !

CONSIGNE : Remémorez-vous ce que vous venez de lire.

Imaginez une situation au cours de laquelle vous devez expliquer à quelqu'un la règle et la nuance.

À voix haute, entraînez-vous à la lui expliquer.

Vous y êtes parvenu ?

Si ce n'est pas le cas : revoyez la règle et entraînez-vous une nouvelle fois.

« c'en », « s'en », « sans », « sens », « sent » ou « sang » ?

Je ne peux pas l'accepter, … est trop !

Interrogez-vous quelques instants avant de lire la suite.

Vous questionner vous permettra de mieux retenir l'explication ensuite !

Quelle est l'explication ?

Vous avez peut-être été interpellé par le « c' », mais c'est bien correct !

Cela signifie : « Je ne peux pas l'accepter, **cela** en est trop ! »

Si vous pouvez remplacer par « cela », c'est qu'il faut écrire « **c**'en » avec un **C** et l'apostrophe.

La petite astuce

Vous retrouvez le **C** de **c**ela dans « **c**'en ».

Attention à « s'en », celui avec lequel vous avez le plus de risques de faire des erreurs.

Vous le retrouverez dans des verbes comme « s'en moquer », « s'en souvenir » qui se construisent avec le **se** : « se moquer », « se souvenir ».

Vous ne pouvez pas dire « se en souvenir », donc on enlève un **E** et on met l'apostrophe à la place. C'est plus facile à prononcer !

➡ « Il s'en moque » : pouvez-vous dire : « Il cela en moque » ?

Non ! Alors ce n'est pas « c'en » avec « **c'** », c'est bien « s' ».

➡ « C'en est fini ! » signifie : « cela en est fini ! »

Alors, vous écrivez : « c'en » C et apostrophe soit le C de **c**ela.

Mais des façons de l'écrire, il y en a encore beaucoup !

sans : exprime l'absence, l'exclusion

➡ « **Sans** ton intervention, nous n'y serions pas arrivés ! » = Si tu n'étais pas intervenu…

Sens : c'est le « sens » du « sens interdit ». Vous entendez le S lorsque vous le prononcez. Mais, c'est également le **sens** de « Tu sens mauvais ! ». Ça vient du verbe « **sentir** ».

Vous écrirez également « Il **sent** mauvais ! ».

« cent » : c'est le nombre 100. Mots de la même famille : centaine, centenaire…

« sang » : c'est le sang qui coule dans vos veines. Vous entendez le **G** lorsque vous prononcez le mot de la même famille « sanguin ».

LE CONSEIL DE MADAME L'ORTHOPHONISTE !

Pensez aux mots de la même famille !

La morphologie des mots étudie la structure et la formation des mots et peut être extrêmement utile à la fois en orthographe et en compréhension.

Prenons l'exemple du mot « opportun » : il se termine par « un » (et non « ain », « in », « ein », etc.) simplement parce que vous dites : « une opportunité » et le « un » se retrouve dans ce mot. De même, le mot « profit » s'écrit avec un « T » car vous dites : « profiter ». Cette approche ne fonctionne pas toujours, mais souvent ! La langue possède une certaine logique. Les mots sont souvent construits à partir d'une base à laquelle on ajoute des morceaux, au début, à la fin ou au début et à la fin !

La morphologie des mots aide également à la compréhension du sens et à l'analyse des textes. En comprenant la structure morphologique des mots, on peut souvent en déduire le sens. Par exemple, si vous savez que le préfixe « IN/IM » signifie « contraire », vous pouvez comprendre que le mot « impossible » est le contraire de « possible », et que « indélicat » est le contraire de « délicat ».

En résumé, la morphologie des mots est un outil précieux en orthographe et en compréhension. N'oubliez pas de faire appel aux mots de la même famille pour vous guider dans vos choix orthographiques et pour comprendre la signification des mots !

On s'entraîne !

CONSIGNE : Complétez les phrases avec les mots qui conviennent.

1. Le centenaire a célébré ses … ans entouré de sa famille.

2. Quelques gouttes de … suffisent à le faire tomber dans les pommes !

3. Tu … l'odeur du pain frais ?

4. Il a beaucoup marché aujourd'hui et il … la transpiration.

5. Tu vis … te soucier de ce que les gens pensent de toi.

6. Il … est fallu de peu pour que je rate l'avion !

7. Il … est beaucoup voulu de ne pas avoir été présent dans ces moments difficiles.

Solutions page 354

RÈGLE NUMÉRO 21

« accueillir » ou « acceuillir » ?

Je pourrai t'acceuillir cet été !

Tout est-il correct dans cette phrase ?

Non ! C'est une erreur que l'on voit fréquemment. Ça peut sembler logique de l'écrire ainsi car le son « euil » s'écrit « E-U-I-L ».

Mais le mot écrit ainsi se prononcerait « A**C-s**euillir ».

Eh oui, vous savez que le C peut se prononcer de deux façons : **K** et **S**.

Lorsqu'il est suivi d'un E, il se prononce S.

Si vous voulez entendre le son K, il faut qu'il soit suivi du U.

Le U et le E dans « acc**ue**illir » doivent donc être inversés !

La petite astuce

Si vous ne savez plus avec quelles lettres le C se prononce S ou K, ayez toujours des mots de référence en tête, c'est-à-dire des mots que vous connaissez par cœur et qui vous aideront à retrouver la règle et à écrire des mots que vous ne connaissez pas.

C se prononce K devant A / O / U et toutes les consonnes (soit toutes les lettres autres que AEIOUY), comme dans « cadeau », « costume », « cube » (qui peuvent être vos mots de référence).

Il se prononce S devant E, Y et I comme dans « cerise », « cinéma » et « cyclisme ».

Si vous voulez qu'il fasse le son K, il faut intercaler un U comme dans « accueil ».

On s'entraîne !

CONSIGNE : Complétez les phrases suivantes avec la bonne orthographe.

1. J'ai laissé le colis à l'…

2. Nous t'… avec plaisir cet été.

Solutions page 355

PAUSE ORTHO'

6 formulations à connaître

Nous avons tous déjà douté …

« Chez le médecin » ou « au médecin » ?

→ Je vais **chez** le médecin.

Explication :

Chez + une personne

→ « Je vais **chez eux** ce week-end ! »

(EUX = des personnes…)

AU + lieu

«Je vais au cinéma.»

Vous direz donc:

→ Je vais **au cabinet dentaire** (lieu).

→ Je vais **chez le dentiste** (personne).

Pour vous en souvenir, remplacez par un prénom.

Il ne vous viendrait pas à l'idée de dire: «Je vais au Arnaud»!

Vous direz spontanément: «Je vais **chez** Arnaud.»

Arnaud est une personne.

Le dentiste, le médecin… le sont aussi donc il faut utiliser «**chez**».

«J'ai été à mon rendez-vous» ou «Je suis allé·e à mon rendez-vous»?

→ Je suis allé·e à mon rendez-vous.

Explication:

Évitez la tournure «J'**ai été** à mon rendez-vous!»

Elle n'est pas complètement fausse mais c'est du langage familier.

Lorsqu'il y a une notion de **mouvement**, privilégiez la formulation «Je suis **allé·e** …» car «aller» = verbe de mouvement.

« amener » ou « apporter » ?

Explication :

Amener = pour tout ce que vous pouvez **mener** par la **main**.

Il est plutôt utilisé pour les **êtres animés :** une personne, un animal.

→ J'**amène** les enfants à l'école.

→ J'**amène** mon chat chez le vétérinaire.

Apporter = pour ce que vous pouvez **porter.**

Petite aide : vous retrouvez **porter** dans ap**porter.**

→ J'**apporte** les livres que tu aimes.

→ J'**apporte** quoi pour le dessert ?

« amener » ou « emmener » ?

J'amène ou j'emmène les enfants à l'école ?

Les deux sont possibles…

Tout dépend de ce que vous voulez dire !

Explication :

Amener = **déposer** (met l'accent sur le lieu d'arrivée.)

« **a** » devant « **mener** » met l'accent sur le lieu d'arrivée. Ça signifie déposer. Vous ne restez pas avec la personne.

Si vous dites : « J'amène les enfants au cinéma », ça signifie que vous les déposez.

Vous ne restez pas avec eux.

Si vous dites : « J'emmène les enfants au cinéma », ça signifie que vous restez avec eux voir le film !

Attention, vous n'avez pas le choix pour l'exemple suivant.

Vous direz : « J'amène les enfants à l'école » car (normalement) vous ne restez pas avec eux !

Vous les déposez seulement et vous repartez.

Si vous mettez EM devant « mener », vous mettez l'accent sur le point de départ.

Vous faites un trajet d'un point A à un point B avec des personnes et vous restez avec elles. Vous direz donc : « Pour fêter ça, je vous emmène au restaurant » si vous restez dîner au restaurant également.

On s'entraîne !

CONSIGNE : Complétez avec le bon mot : amener / emmener / apporter / emporter.

1. N'oublie pas d'… de quoi grignoter et boire à la fête ce soir.
2. Peux-tu m'… à la gare demain matin ? Mon train est à 8 h.
3. Que vas-tu …… comme souvenir dans ta valise ?
4. Tu …… les enfants avec toi en vacances ?

Solutions page 355

« en vélo » ou « à vélo » ?

L'éternel débat…

Les deux sont possibles MAIS !

Il est fortement recommandé d'utiliser :

à : pour les moyens de transport que l'on **enfourche**.

→ vélo, moto par exemple

en : pour les moyens de transport dans lesquels **vous entrez.**

→ voiture, bus…

« c'est la voiture à sa mère » ou « c'est la voiture de sa mère » ?

→ Une bonne fois pour toutes : la voiture **de** sa mère.

Astuce simple, efficace mais pas très jolie… : vous dites bien une crotte **de** nez ? Et pas une crotte à nez… donc :

→ « C'est la voiture **de** sa mère ! »

On s'entraîne !

CONSIGNE : Entourez la bonne formule.

1. Je t'accompagne chez le / au médecin ?

2. Je viendrai à /en vélo car ce n'est pas loin.

3. Tu amènes / emmènes les enfants à l'école aujourd'hui et je le ferai demain ?

4. J'apporte / amène une bouteille de champagne pour fêter ça.

5. Je suis allé / j'ai été en vacances en Corse.

6. C'est la faute à / de Paul si nous sommes en retard.

Solutions page 355

RÈGLE NUMÉRO 22

« marron » ou « marrons » ?

Il pense que des murs…
iraient bien dans sa chambre.

Quelle est l'explication ?

Il ne faut pas de S à « marron », mais pourquoi ?

À l'origine, « marron » est un nom. On dit « un marron », c'est le fruit du marronnier.

Lorsque la couleur est à l'origine le nom d'un fruit, d'une fleur, d'un légume, d'un métal ou encore d'une pierre précieuse et que la couleur en est dérivée, vous n'accordez pas, donc vous ne mettez pas de S.

« Des murs blanc**s** », vous mettez un S à blanc, car blanc n'est ni un nom de fruit, de fleur ou encore de pierre.

Mais ! « Des murs orang**e** », vous ne mettez pas de S à orange.

L'orange est un fruit, donc pas de S à « des murs orang**e** » même s'il y en a plusieurs.

« Des murs turquois**e** », pas de S à turquoise, car c'est une pierre.

Il y a cependant quelques exceptions !

Vous écrirez «des murs rose**s**» avec un S à «roses» (même si c'est un nom de fleur) et des «murs mauve**s**» avec un S.

Ce sont les plus fréquentes, celles que vous rencontrerez le plus souvent.

LE CONSEIL DE MADAME L'ORTHOPHONISTE !

Il y aura toujours des exceptions. Ne surchargez pas votre cerveau inutilement. Connaissez les règles de base, les généralités et vous éviterez une grande partie des fautes d'orthographe.

Dans cet ouvrage, je ne vous propose pas les exceptions dont on ne se sert jamais ou une fois dans l'année. Mon objectif ? Vous aider à avoir une orthographe du quotidien fonctionnelle et efficace.

On s'entraîne !

CONSIGNE : Choisissez la bonne orthographe dans les phrases suivantes :

1. Les chevaux avaient des pelages marron / marrons de différentes nuances.

2. Elle a des yeux émeraude / émeraudes.

3. Des nuages noir / noirs annoncent la tempête.

Solutions page 355

RÈGLE NUMÉRO 23

« c'est » ou « s'est » ?

... une bonne question !

Comment les différencier ?

Devez-vous écrire « c'est » ou « s'est » ?

La bonne réponse dans cette phrase est « **c'est** ».

Pourquoi ? Si vous pouvez remplacer par « **cela est** », alors il faut écrire « **c'est** ».

La petite astuce

Vous retrouvez le C de « **c**ela » dans « **c**'est ».

➔ Dans la phrase : « C'est une bonne question », vous pouvez dire « **Cela** est une bonne question. »

S'est est utilisé pour former les temps composés de verbes comme « se perdre », « se laver ». Vous pouvez remplacer le « **s'est** » par « **me suis** ».

Par exemple, si je dis : « Il **s'**est perdu », c'est bien le verbe « se perdre » à un temps composé, donc au passé. C'est le « **s' + est** + perdu ». Et vous pouvez dire : « Je me **suis** perdu ».

Le « **me** » remplace le « **s'** ».

On s'entraîne !

CONSIGNE : Complétez les phrases par « s'est » ou « c'est » ?

1. Il n'y a pas de doute : … en Bretagne que l'on trouve les meilleures crêpes.

2. … risqué mais il faut tenter !

3. Un prisonnier … évadé et … la panique.

Solutions page 355

RÈGLE NUMÉRO 24

« les lundis matins » ou « les lundis matin » ?

Faut-il écrire les lundis matin avec ou sans « s » à « matin » ?

Quelle est l'explication ?

Les deux sont admis, mais il est préférable d'écrire « mati**n** » sans S. Si vous écrivez : « les lundis matin, je suis en réunion », c'est sous-entendu « les lundis au mati**n** », donc pas de S à « matin ». C'est la même chose avec les autres jours de la semaine et avec le mot « soir », « les samedis soir », c'est « les samedis au soi**r** », donc pas de S à soir.

Petite info au passage : oui, quand il y a plusieurs lundi**s**, il faut mettre un S à lundi !

Quand il y a plusieurs mardi**s** aussi d'ailleurs.

La petite info en +

Vous écrirez : « les jeudis midi, je mange avec ma sœur. »

On s'entraîne !

CONSIGNE : Inventez deux phrases : une avec « les mercredis soir » et l'autre avec « les dimanches matin ».

1. ____

2. ____

QUELQUES NOUVEAUTÉS DANS LE DICTIONNAIRE EN 2022 ?

Crise sanitaire oblige, nous avons vu apparaître les mots « télétravailler », « COVID-19 », ou « réa » pour « réanimation », « déconfiné », « reconfiné » et tous les dérivés ; « visio » pour « visioconférence », et « coronavirus ».

D'autres mots ont vu leur sens évoluer ou ont fait leur réapparition. Nous parlons maintenant d'un « virus aéroporté ». « Écouvillon » est de nouveau utilisé et « confinement », a également vu son sens évoluer.

Attention, le mot « covidé » n'existe pas. Il n'est pas admis en tout cas dans le dictionnaire. Pour le côté un peu plus léger, voici d'autres mots qui sont également apparus en 2022 :

« Mocktail » est un cocktail sans alcool.

« Émoji » est désormais admis dans le dictionnaire Le Robert et « silencier » qui signifie réduire au silence.

Rendez-vous en page 217 pour retrouver le grand cru 2024 dans le dictionnaire.

RÈGLE NUMÉRO 25

« plein » ou « pleins » ?

J'ai... d'astuces pour vous !

Quelle est l'explication ?

Devez-vous mettre un S à « plein » ?

Si « plein » signifie « beaucoup », alors il est invariable, il ne change pas. Vous ne l'écrirez jamais avec un S.

➡ « J'ai plei**n** d'astuces » : pas de S à « plein », même s'il y a « plusieurs astuces », car ça signifie : « J'ai beaucoup d'astuces ». Et « beaucoup » est invariable.

➡ « J'ai des souvenirs plei**n** la tête » : de la même façon, pas de S à « plein », car ça signifie : « beaucoup de souvenirs. »

Si « plein » veut dire « rempli », alors on accorde avec le mot auquel il se rapporte.

➡ « Les placards sont plein**s** », vous mettez un S à « plein », car on parle « des placards ». « Placards » est au masculin et au pluriel : il faut mettre un S à « placard**s** », donc un S à « plein**s** ».

La petite astuce

Mettre les mots au féminin ! Vous entendrez l'accord s'il doit y en avoir.

➡ « Les armoires sont plein**es** ». « Armoire**s** », c'est du féminin et du pluriel, donc « plein**es** » au féminin, et au pluriel avec un « e » et un « s ».

La petite info en +

À noter que le mot « plein » dans le sens de « beaucoup », sera surtout utilisé à l'oral ou dans un registre de langue plus familier.

Préférez « beaucoup » dans un langage plus formel.

On s'entraîne !

CONSIGNE : Complétez par « plein » ou par « pleins » ?

1. Pendant les soldes, les caddies sont … de produits en promotion.

2. Elle a … d'amis qui la soutiennent.

3. Pendant le festival, il y a … d'animations dans les rues.

Solutions page 355

RÈGLE NUMÉRO 26

« finals » ou « finaux » ?

Les résultats… seront dévoilés aujourd'hui.

Quelle est l'explication ?

Devez-vous écrire les « résultats finals » ou les « résultats finaux » ?

Vous aussi, vous doutez au moment de l'écrire ?

Eh bien, les deux sont possibles. Mais attention, il y a une petite nuance.

Si vous parlez d'une personne, alors il vaut mieux utiliser le mot « finals » pour éviter la confusion avec « finauds » qui signifie « rusés ».

Vous écrirez donc, de préférence « les candidats fina**ls** », car les candidats sont des personnes.

La petite info en +

Le cas général :

Prenons la phrase « Il a eu un geste amical. » S'il y a plusieurs gestes, vous direz : « Il a eu des gestes amic**aux**. »

« Amic**aux** » accompagne le mot « gest**es** » et donne des précisions sur ces gestes.

Si ce mot (adjectif) qui donne des informations sur un autre mot se termine en -AL au singulier alors il se terminera en -AUX au pluriel comme ici :

➡ « un geste amic**al** » → « des gestes amic**aux** »

Attention aux exceptions :

➡ « Les tabourets sont banc**als**. »

➡ « Des chantiers nav**als**. »

Et ici les deux sont possibles :

➡ « des points fin**als** » ou « fin**aux** ».

➡ « des couloirs glaci**als** » ou « glaci**aux** ».

On s'entraîne !

CONSIGNE : Entourez la ou les formes correctes du mot dans les phrases suivantes :

1. Les examens finals / finaux approchent, tout le monde révise !

2. Les concurrents finals / finaux se départageront grâce à cette épreuve.

3. Ma chambre est traversée par des courants d'air glacials / glaciaux.

4. Tes arguments sont bancals / bancaux : je ne te crois pas.

Solutions page 355

RÈGLE NUMÉRO 27

« au revoir » ou « aurevoir » ?

Devez-vous écrire « au revoir » en deux mots ou « aurevoir » en un seul mot ?

Quelle est l'explication ?

D'après le dictionnaire, vous écrirez « **Au revoir** » en deux mots. Ça signifie : « *prendre congé de quelqu'un que vous pensez revoir* ».

Vous pouvez le remplacer par « À bientôt ».

La petite astuce

Vous écrivez : « À bientôt » en deux mots, donc « Au revoir » sera également **en deux mots**.

La petite info en +

Dans la phrase « ce n'est qu'un au revoir », vous écrivez également « au revoir » ainsi.

Au pluriel, ce ne sont que des « au revoir » : il n'y a pas de « s ». Cette formule de politesse est **invariable**.

On s'entraîne !

CONSIGNE : Inventez une phrase avec le mot « au revoir ».

RÈGLE NUMÉRO 28

« date butoir » ou « date butoire » ?

La date… pour déposer les dossiers de candidature est le 12 juin.

Quelle est l'explication ?

Nous entendons souvent l'expression « la date butoir », notamment dans le milieu professionnel, mais devez-vous écrire « butoir » avec ou sans « e » ?

« La date butoir », ça signifie « la date limite ». « Butoi**r** » s'écrira sans « **e** ».

« Butoir » est un nom. Un butoir, c'est une pièce pour bloquer une porte.

Attention, si vous écrivez : « les dates butoi**rs** », n'oubliez pas le « s » à « butoi**r** ».

On s'entraîne !

CONSIGNE : Inventez une phrase avec « date butoir » et écrivez-la.

1. ______________________________

Maintenant, mettez cette phrase au pluriel (les …)

2. ______________________________

RÈGLE NUMÉRO 29

« éminent » ou « imminent » ?

C'est un… chirurgien.

Comment les différencier ?

Ce sont deux mots que l'on confond souvent.

La bonne réponse dans cette phrase est « éminent ».

Je vous explique la différence.

« Éminent », ça signifie **remarquable**, qui est d'un niveau supérieur. Vous parlerez, par exemple, d'un « lieu **éminent** » ou d'un « esprit **éminent** ».

« Imminent » signifie « qui est **sur le point d'arriver** ».

➡ « J'attends une réponse **imminente** de mon chef » = une réponse qui va **bientôt arriver**.

On s'entraîne !

CONSIGNE : Complétez les phrases suivantes avec le mot qui convient.

imminent ? éminent ? imminente ? éminente ?

1. L'… professeur a été invité à prononcer un discours devant l'assemblée.

2. Son arrivée est …, sois prêt à prendre la photo.

3. La cérémonie des César sera présentée par un … acteur.

Solutions page 356

RÈGLE NUMÉRO 30

« appel » ou « appelle » ?

J'… Claire.

Comment les différencier ?

Dans cette phrase, faut-il écrire « appeler » avec un seul L ou deux L ?

La bonne réponse est « J'appe**ll**e ».

« Appe**l** » avec un seul L, c'est le nom. Vous pouvez dire « un appe**l** ».

La petite astuce

Si vous pouvez remplacer par « un appe**l** », alors c'est « appel » avec un seul L.

« Appe**ll**e » avec deux L, c'est **l'action d'appeler**. Si vous dites : « J'appe**ll**e Claire », vous faites **l'action d'appeler** Claire. Vous ne pouvez pas dire : « J'ai un appel Claire » ? Alors c'est « appe**ll**e » avec deux L.

➔ « Prends cet appe**l** », vous pouvez dire : « Prends **un** appe**l** ».

L'astuce supplémentaire

« **App**el / **App**elle » : toujours deux P. Vous avez peut-être déjà entendu : il faut au moins **deux** interlocuteurs pour passer un appel. Deux interlocuteurs donc deux P.

On s'entraîne !

CONSIGNE : Complétez les phrases suivantes avec la bonne forme « d'appeler. »

1. Ma nièce s'… Juliette.

2. Je transfère cet … sur quelle ligne ?

3. Ton … m'a surpris, je ne m'y attendais pas.

Solutions page 356

RÈGLE NUMÉRO 31

« envoi », « envoie » ou « envoies » ?

Je vous… les colis.

La bonne réponse est « envoi**e** ».

La petite astuce

Pour les distinguer, essayez de remplacer « Envoi**e** » par « **Expédie** ». Si la phrase conserve le même sens, alors vous écrirez « Envoi**e** » avec un E.

Reprenons notre phrase : « Je vous envoi**e** les colis », vous pouvez dire : « Je vous **expédie** les colis. » Le sens est le même, donc « Envoi**e** » s'écrit avec un « e ».

Pour vous en souvenir pensez aux mots « Expédi**e** » et à « Envoi**e** », il y a un « **e** » au début et à la fin.

Si vous devez écrire : « Nous nous chargeons de l'env**oi** des colis », vous ne pouvez pas dire : « Nous nous chargeons de l'expédie des colis », donc « Env**oi** » s'écrit OI.

Et s'il y a plusieurs envois, alors vous mettrez un S à « env**ois** » pour signaler qu'il y en a plusieurs.

Attention : « env**oies** » existe aussi.

➜ « Tu env**oies** les colis et tu me rejoins ensuite ? »

On s'entraîne !

CONSIGNE : Complétez par les mots : envoi / envois / envoie / envoies qui conviennent.

1. J'ai reçu plusieurs … de courrier cette semaine.

2. Tu … régulièrement des invitations et elles restent sans réponse.

3. Elle … souvent des messages encourageants à ses amis.

4. Je prépare l'… du colis pour demain.

Solutions page 356

RÈGLE NUMÉRO 32

« J'ai mis », « J'ai mit » ou « J'ai mi » ?

J'ai… un terme à notre collaboration.

Quelle est l'explication ?

C'est une erreur souvent rencontrée, notamment dans les e-mails. Comment écrivez-vous « mi » ici ?

La réponse est « mi**s** ». Pourquoi ?

La petite astuce

La technique consiste à chercher le féminin de « **mis** ».

Est-ce que le féminin de « mi » c'est « mi**e** » ? Non. Vous ne ne dites pas : « Elle est **mie** à l'eau. »

Est-cc quc c'est « mi**te** » ? « Elle est **mite** à l'eau » ? Non.

Le féminin de « mis » c'est « mi**se** ». « Elle est **mise** à l'eau ».

Vous entendez le son Z de la lettre S quand vous dites : « mise » ?

Quand vous écrivez : « j'ai mis », vous devez mettre un S à la fin.

On s'entraîne !

CONSIGNE : Complétez avec le bon mot les phrases suivantes :

mi / mis / mit ?

1. Tu as … beaucoup d'énergie dans ce projet et le résultat est à la hauteur de ton travail.

pri / pris / prit ?

2. J'ai … un risque important en acceptant cet emploi.

Solutions page 356

LE CONSEIL DE MADAME L'ORTHOPHONISTE !

Laissez reposer.

Votre cerveau a besoin de « digérer » les informations. Il est important d'avoir des temps de consolidation de l'information après chaque apprentissage.

RÈGLE NUMÉRO 33

« leur » ou « leurs » ? PARTIE 1

Les Bretons aiment… région.

Quelle est l'explication ?

Vous me posez souvent la question : « *Quand faut-il mettre leur sans s ou leurs avec un s ?* »

Voici trois situations. La dernière est la plus ambiguë.

Première situation : « leu**r** » est toujours au singulier, donc sans « s ».

C'est le cas lorsque vous voulez parler d'**une seule** chose qui est possédée par plusieurs personnes.

Par exemple : « Les Bretons aiment leu**r** région ». Il y a plusieurs Bretons, mais une seule région : la Bretagne. Donc leur s'écrira sans « s ».

Deuxième situation : lorsque vous devez mettre « leur**s** » avec un « s ». C'est le cas lorsque vous parlez de plusieurs choses possédées.

➔ « Les arbres perdent leur**s** feuilles. » Ils possèdent plusieurs feuilles, donc « leur**s** » s'écrira avec un « s », tout comme « feuille**s** ».

Troisième situation : « leur » peut s'écrire avec ou sans s selon le sens que vous voulez donner à votre phrase. Vous devez donc vous interroger.

➔ « Ils ont rangé leur/leurs stylos. »

Si ce que vous voulez dire, c'est qu'ils ont un seul stylo chacun, alors vous mettrez « leu**r** » et « stylo » au singulier, donc sans « s » : « Ils ont rangé leu**r** styl**o**. »

Si vous voulez signifier qu'ils ont **plusieurs** stylos chacun, vous écrirez « leur**s** » avec un S et « stylo**s** » également : « Ils ont rangé leur**s** stylo**s**. »

On s'entraîne !

CONSIGNE : Complétez les phrases suivantes avec la bonne forme de « leur ».

1. Les Bretons aiment …… drapeau.

2. Ils ont brossé … dents avant d'aller dormir ?

Solutions page 356

LE CONSEIL DE MADAME L'ORTHOPHONISTE !

Reformulez !

L'exercice de reformulation lors de l'apprentissage d'une règle d'orthographe est extrêmement bénéfique, car il sollicite activement votre compréhension de la règle et votre capacité à l'appliquer de manière précise.

C'est un bon exercice que vous pouvez faire facilement lorsque vous êtes dans une phase d'apprentissage. Imaginez que vous devez expliquer la règle vue aujourd'hui à votre entourage. Mettez-vous dans cette situation. Lorsque vous reformulez une règle d'orthographe, vous devez l'expliquer avec vos propres mots. Cela vous oblige à réfléchir de manière plus approfondie à la signification et aux implications de la règle. Ce processus vous aide à saisir les nuances et les exceptions éventuelles.

En reformulant une règle d'orthographe, vous devez également la contextualiser et l'appliquer à des exemples concrets. Cela vous pousse à réfléchir à comment utiliser la règle dans des situations réelles.

Il est alors possible que vous vous rendiez compte de certaines zones d'incertitude ou de lacunes dans votre compréhension.

Si vous ne maîtrisez pas suffisamment la règle pour l'expliquer à une tierce personne : revoyez-la.

RÈGLE NUMÉRO 34

« fatigant », ou « fatiguant » ?

Cette leçon est…

Quelle est l'explication ?

Les deux orthographes existent. Alors dans quel cas utiliser l'une ou l'autre ?

« Fati**g**ant » est un mot qui permet de qualifier une situation, une personne. Vous pouvez le remplacer par le mot « pénible ».

« Fati**gu**ant » avec un U décrit une action qui est en train de se dérouler.

La petite astuce

Il n'y a pas de U dans « pénible », donc il n'y a pas de U dans « fati**gan**t ». Vous écrirez donc « Tu es fati**gant** » ou « C'est fati**gant** » sans U car vous pouvez dire « pénible ».

➡ « En se fati**gu**ant, il va perdre la course. » Vous ne pouvez pas dire : « En se pénible... », alors c'est « fati**gu**ant » avec un U.

On s'entraîne !

CONSIGNE : Complétez les phrases suivantes par « fatigant » ou « fatiguant ».

1. Cette journée de travail a été …, je vais bien dormir !

2. Se … rapidement, elle décida de faire une pause avant de repartir.

3. La marche … ses jambes, elle continuera à vélo.

4. Travailler dans ces conditions est si …

Solutions page 356

RÈGLE NUMÉRO 35

« bayer », ou « bâiller » ?

... aux corneilles.

Quelle est l'explication ?

Non, pas de faute d'orthographe ici.

« Bayer aux corneilles » est une expression qui signifie « rêvasser ».

Vous ne l'écrirez pas « bâiller » comme dans « bâiller de sommeil ».

Rassurez-vous, faites le test autour de vous, je suis sûre que beaucoup se tromperont.

« Ba**y**er » avec un Y signifie « ouvrir grand la bouche ». C'est un mot ancien.

« Bâi**ll**er » avec deux L, c'est « ouvrir la bouche sous l'effet de la fatigue », d'où la confusion dans cette expression.

On s'entraîne !

CONSIGNE : Inventez une phrase avec cette expression !

RÈGLE NUMÉRO 36

« acquit », ou « acquis » ?

Il lui a répondu par … de conscience.

Comment les différencier ?

Vous avez peut-être déjà utilisé cette expression « par acquit de conscience », mais saviez-vous que « acquis » ne s'écrit pas avec un S ?

Il faut écrire « acqui**t** » avec un T.

➡ « par acqui**t** de conscience » signifie « pour ne rien avoir à se reprocher ». Vous direz par exemple, « Par acqui**t** de conscience, je lui ai envoyé un message pour la prévenir de notre retard ».

La petite astuce

« Acqui**t** » vient de « s'acqui**tt**er », qui signifie « se rendre quitte d'une obligation ».

Dans « acqui**tt**er », vous avez le « **t** ». Comme « acqui**t** » est un mot de la même famille, vous écrivez : « acqui**t** » avec un « **t** » à la fin.

➡ « Par acqui**t** de conscience je vous transmets l'info. »

On s'entraîne !

CONSIGNE : Inventez une phrase que vous pourriez être amené à utiliser avec cette expression.

RÈGLE NUMÉRO 37

« leur », ou « leurs » ? PARTIE 2

Nous … avons proposé de venir dîner vendredi soir.

Quelle est l'explication ?

Comment écrivez-vous « leur » ?

Je vous donne la technique.

Si vous pouvez remplacer « **leur** » par « **lui** », alors « leur » s'écrira toujours sans S. Il est invariable.

Ici, vous pouvez dire : « Nous **lui** avons proposé de venir dîner vendredi soir. »

«Leur » et « lui » sont de petits mots qui servent à remplacer d'autres mots et à éviter les répétitions.

➡ « Nous leur avons proposé de venir » = « Nous avons proposé à **nos amis** de venir ».

Ici « leur » remplace « **nos amis** ».

➡ « Nous **lui** avons proposé de venir » = « Nous avons proposé à **Claude** de venir. »

« **Lui** » remplace « **Claude** » dans cette phrase.

Dans ces phrases, « **leur** » est le pluriel de « **lui** ». Vous l'utilisez lorsque vous parlez de plusieurs personnes.

Le mot « **leur** » étant déjà un pluriel, vous n'avez pas besoin de lui ajouter un S !

On s'entraîne !

CONSIGNE : Dans les phrases suivantes, remplacez le mot « leur ».

Exemple : Je **leur** ai dit de m'attendre devant l'école = J'ai dit **aux enfants** de m'attendre devant l'école. Ce petit entraînement va vous permettre de « sentir » le rôle du mot **leur** dans ce contexte.

1. Je leur prépare une surprise pour les vacances.

Je prépare une surprise à .... pour les vacances.

2. Le client leur a demandé de faire un geste commercial.

Le client a demandé à ...... de faire un geste commercial.

3. J'aimerais leur dire à quel point je les aime.

J'aimerais dire à ...... à quel point je les aime.

Nous avons vu les deux façons d'utiliser **leur / leurs**.

Solutions page 356

RÈGLE NUMÉRO 38

« ces » ou « ses » ?

Prends... livres.

Quelle est l'explication ?

Dans ce cas précis, les deux sont possibles. Tout dépend du sens que vous voulez donner à votre phrase. Parfois, une simple faute d'orthographe peut gêner votre interlocuteur pour comprendre ce que vous voulez lui signifier.

LE CONSEIL DE MADAME L'ORTHOPHONISTE !

Réfléchissez toujours au sens de ce que vous voulez écrire. L'orthographe est une discipline qui peut sembler bien sombre mais il y a une certaine logique le plus souvent.

La petite astuce

Si vous écrivez : « ses », cela signifie « les siens ». Il y a une notion d'appartenance. Vous pouvez remplacer « ses » par « son ».

➡ « Prends son livre » = Son livre à lui.

Si vous écrivez : « ces », c'est que vous parlez de ces livres précisément, soit « ceux-ci ». On imagine même que vous pouvez les désigner. Vous pouvez alors remplacer « ces » par « ce ».

➡ « Prends ce livre » = celui-ci et pas « le sien ».

Le message ne sera pas le même.

On s'entraîne !

CONSIGNE : Complétez par « ses » ou « ces ».

1. Ce professeur a été très investi toute l'année. Il est même venu encourager … élèves le jour des examens.

2. Il met du baume sur … lèvres gercées.

3. Essaye … chaussures !

4. … mots sont bien difficiles à écrire.

Solutions page 356

RÈGLE NUMÉRO 39

« entrain » ou « en train » ?

Ils sont… de manger.

Quelle est l'explication ?

Devez-vous écrire « en train » en deux mots ou en un seul mot ?

La bonne réponse est « **en train** » en deux mots. Pourquoi ?

« En train » en deux mots indique qu'une **action est en cours**.

La petite astuce

« En train » est en deux mots comme « en cours ».

Vous écrirez donc : « Il est **en train** de dormir. »

« **entrain** » en un seul mot maintenant !

Faire quelque chose avec « entrain » signifie faire quelque chose de **manière dynamique** en étant motivé.

Par exemple : « Il travaille avec **entrain**. » Ça signifie qu'il travaille avec une bonne humeur entraînante. « Entrain » s'écrit en un seul mot et est dérivé d'« entraîner ».

On s'entraîne !

CONSIGNE : Complétez les phrases avec « en train » ou « entrain ».

1. Il danse avec beaucoup d'…

2. Je suis … de te répondre, sois patient !

Solutions page 357

RÈGLE NUMÉRO 40

Les doubles consonnes

Faut-il mettre un « p », deux « p », un « m », ou deux « m » ?

Quelle est l'explication ?

Vous vous êtes certainement déjà posé la question pour de nombreux mots.

Vous pouvez utiliser des moyens mnémotechniques, ça fonctionne bien !

Par exemple, un P ou deux P à « apercevoir » ?

Vous pouvez dire qu'à « a**p**ercevoir », il n'y a qu'un seul P, car « je n'aperçois qu'un P à apercevoir ».

« Nourrir », un seul ou deux R ?

Je me nou**rr**is plusieurs fois par jour, alors je mets deux R à nourrir.

Mais attention, « mou**r**ir » ne prend qu'un R, car je ne meurs qu'une seule fois.

LE CONSEIL DE MADAME L'ORTHOPHONISTE !

Lorsque vous avez du mal à retenir l'orthographe d'un mot, n'hésitez pas à chercher un moyen mnémotechnique qui vous permettra de vous en souvenir.

Si vous trouvez vos propres astuces, vous retiendrez encore plus facilement mais vous pouvez aussi vous aider de celles que je vous propose.

On s'entraîne !

CONSIGNE : Pour les mots suivants, trouvez un moyen mnémotechnique pour vous souvenir de la double consonne et écrivez-le.

1. aggraver : il y a deux « g » car…
2. toboggan : il y a deux « g » car…
3. addition : il y a deux « d » car…
4. raccourci : il y a deux « c » car…

RÈGLE NUMÉRO 41

« nickel » ou « niquel »

Oui, on peut se retrouver à 20 heures, ..., ça me laisse le temps de me préparer !

Quelle est l'explication ?

Une bonne fois pour toutes : avec « qu », ce mot n'existe pas !

Mais alors pourquoi doutons-nous ? Certainement parce que la suite de lettres « ck » se rencontre très peu en français.

Mais « ni**ck**el » est un mot d'origine allemande. Il s'agit d'un métal qui brille lorsqu'il est poli.

Par extension, nous pouvons dire : « cet appartement est ni**ck**el » pour dire qu'il est très propre ou encore pour dire que ça nous convient, que c'est parfait, comme dans l'exemple.

C'est du langage plutôt familier, attention à ne pas l'utiliser dans tous les contextes.

RÈGLE NUMÉRO 42

« différent » ou « différend »

Ils n'ont pas encore réglé leur…

Quelle est l'explication ?

Les deux existent bien mais n'ont pas le même sens !

« Un différen**d** », c'est un désaccord.

Dans notre premier exemple, il faudra écrire : « Ils n'ont pas réglé leur différen**d** » avec un D, c'est-à-dire « leur désaccor**d** ».

La petite astuce

Il y a un « D » au début et à la fin de « différen**d** » et de « désaccor**d** ».

« Différen**t** » signifie qui diffère, qui n'est pas semblable.

Il y a un « T » car au féminin, vous direz « différen**te** ».

Vous écrirez par exemple : « Ils ont des caractères différen**ts** mais s'entendent bien ».

On s'entraîne !

CONSIGNE : Complétez les phrases avec « différent » ou « différend ».

1. Les voisins ont eu un … il y a quelques années et ne s'adressent plus la parole depuis.

2. Chaque individu est … avec ses propres goûts et ses préférences.

Solutions page 357

« censés » ou « sensés »

Donne-lui des conseils…

Quelle est l'explication ?

Devez-vous l'écrire avec un C ou un S ?

Si votre phrase signifie qu'il donne des conseils raisonnables, qui ont du sens, du bon sens, vous écrirez « **s**ensés » avec un S.

La petite astuce

Vous retrouvez le mot « **sens** » dans « **sens**é ».

C'est un petit moyen pour vous en souvenir.

« Un homme sensé » est un homme qui a du bon sens.

Si vous écrivez : « **c**ensé » avec un C, c'est que cela signifie « supposé ».

➡ « Nul n'est censé ignorer la loi » = Nul n'est supposé ignorer la loi.

« Il est censé venir » = Il est supposé venir.

On s'entraîne !

CONSIGNE : Complétez les phrases suivantes avec « sensé·e » ou « censé·e ».

1. C'est un entretien important pour lui, il était … arriver à l'heure !

2. Cet ouvrage est … m'aider à progresser en orthographe. J'espère que ce sera le cas !

3. Sa réponse est … et pragmatique.

4. Analyse les différentes options et prends une décision … sinon tu le regretteras.

Solutions page 357

PAUSE ORTHO'

Et si on mélangeait les « ses », « ces », « c'est » et « s'est » ?

Souvenez-vous, allez chercher dans votre mémoire ces règles que nous avons vues ensemble un peu plus tôt et complétez les phrases suivantes.

1. Fais attention, … fragile !

2. Il … endormi, veille à ne pas le réveiller en rentrant.

3. Je ne peux pas répondre à … questions.

4. Véronique sait qu'elle pourra toujours compter sur … amis.

RÈGLE NUMÉRO 44

« gentiment » ou « gentillement »

Il m'a répondu…

Quelle est l'explication ?

Vous avez peut-être été tenté d'écrire « genti**ll**ement » avec deux L, car « genti**l** » s'écrit avec un L ; c'est un emploi ancien de « gentiment ».

Actuellement, c'est considéré comme une erreur de l'écrire ainsi.

La petite astuce

Si vous avez un doute, aidez-vous de la prononciation : avec deux L, il se prononcerait « genti-YEU-ment ».

Finalement, c'est assez simple, « gentiment » s'écrit comme il se prononce.

On s'entraîne !

CONSIGNE : Inventez une phrase avec le mot « gentiment » et écrivez-la.

RÈGLE NUMÉRO 45

« repère » ou « repaire »

Il prend ses…

Quelle est l'explication ?

La bonne réponse est la première. Un « rep**ère** » écrit ainsi est une marque, un objet qui sert à se repérer. Vous retrouvez « rep**ères** » dans « repérer ». Vous écrirez un point de repère avec un « è » accent grave.

➔ « Il prend ses rep**ères** » = il prend ses marques.

Un « rep**aire** » avec un « a » et un « i », c'est un refuge. Vous pouvez l'utiliser pour parler de l'habitat des animaux sauvages comme « le rep**aire** des loups » ou, de façon plus imagée, le « rep**aire** des voleurs ».

On s'entraîne !

CONSIGNE : Complétez les phrases suivantes avec « repère » ou « repaire ».

1. J'ai découvert le … des enfants. Ils aiment venir jouer et manger des bonbons dans cet endroit.

2. Cette montagne lui a servi de … lorsqu'il s'est perdu.

3. Voici quelques … qui vous permettront de suivre l'évolution du développement du langage de votre enfant.

Solutions page 357

RÈGLE NUMÉRO 46

« parmi » ou « parmis » ?

C'est une fleur… les fleurs.

Quelle est l'explication ?

Vous êtes nombreux à douter et à me poser la question régulièrement.

Je vous donne une astuce pour ne plus jamais hésiter !

Parm**i** signifie « au milieu de… »

Il est composé de « par » et de « mi ».

« mi » signifie « **mi**lieu ». Vous le retrouvez dans : « **mi**-temps ».

La « **mi**-temps », c'est le milieu d'un match.

Vous ne mettez pas de S à MI ? Non ! Alors vous ne mettez pas de S à « parm**i** » non plus.

Un autre exemple, vous écrirez : « Je suis par**mi** vous. »

On s'entraîne !

CONSIGNE : Fermez les yeux et essayez de visualiser le mot que vous venez d'apprendre.

Vous le voyez ? Maintenant, dites combien il a de lettres, amusez-vous à l'épeler à l'endroit, à l'envers, à dire la dernière lettre.

LE CONSEIL DE MADAME L'ORTHOPHONISTE !

Vous pouvez faire ce petit jeu chaque fois que vous apprenez un nouveau mot afin de le consolider dans votre mémoire.

RÈGLE NUMÉRO 47

« tout » ou « tous »

… les matins.

Quelle est l'explication ?

Ici, il faut écrire « tou**s** » avec un S. Pourquoi ?

Si le nom qui suit est au pluriel (vous parlez de plusieurs éléments), alors vous écrivez : « tou**s** ».

Dans : « Tou**s** les matins », il y a **plusieurs** matins. Pour le signaler, vous mettez un S à « tou**s** ».

Dans : « Tou**t** le monde », vous pensez peut-être qu'il y a une notion de plusieurs personnes et vous êtes tenté de mettre un S mais « le monde », c'est bien du singulier d'un point de vue grammatical et il est signalé par « **le** ». Vous écrirez donc « tou**t** ».

La petite info en +

« Ils ne sont plus **tout** jeunes mais ils marchent dix kilomètres chaque jour. »

Cela signifie « Ils ne sont pas très jeunes mais ils marchent quand même dix kilomètres chaque jour. »

Peut-être avez-vous été tenté d'écrire « tous » avec un S car il est suivi de « jeunes » qui est au pluriel et qui a un S.

Mais dans cette phrase, « tout » n'a pas la même valeur, le même rôle que dans la phrase d'exemple et « jeunes » n'est pas un nom commun. « Jeunes » qualifie « ils » en précisant qu'ils sont jeunes.

Lorsque « tout » signifie « très, entièrement, complètement », il est invariable et s'écrit toujours « tout ».

SAUF s'il est suivi par un adjectif féminin commençant par une consonne ou un H aspiré.

Vous écrirez par exemple : « Aubane est toute calme aujourd'hui. »

« Calme » commence par un C (une consonne) et décrit une femme.

Il faut donc mettre un E à « tout**e** ».

Mais : « Elle est tout endormie depuis le début de la journée. »

« Endormie » commence par un E (une voyelle), « tout » est donc invariable.

« Victoire était toute honteuse d'avoir oublié son anniversaire. »

Le H est aspiré car on ne peut pas dire « L'honte » (on dit « la honte »). On ne peut pas enlever le A de « la ».

Quand le H est aspiré et que l'adjectif qui suit est au féminin et commence par une consonne, il faut mettre un E à « tout**e** ».

Rappel :

Les voyelles : A E I O U Y

Les consonnes : toutes les autres lettres.

On s'entraîne !

CONSIGNE : Complétez les phrases suivantes par « tout » ou « tous ».

1. Il a mangé … les chocolats !

2. Je suis … excitée de partir en Thaïlande rejoindre mes amis.

3. As-tu bien pris … tes médicaments ?

4. … le quartier se réunira pour fêter l'été.

5. … le monde pense très fort à toi !

6. Les fleurs sont … fanées.

7. Je travaille … les jours sauf le dimanche.

Solutions page 357

RÈGLE NUMÉRO 48

«y a t-il», «y a-t-il», «y-a-t-il» ou «y-a-t'il»?

… un moyen de progresser en orthographe?

Quelle est l'explication?

Alors là, c'est le casse-tête!

J'imagine que vous vous êtes déjà posé la question: où faut-il mettre le trait d'union?

Un T a été ajouté pour faciliter la prononciation entre les deux voyelles, le A et le I.

Vous pouvez éliminer la troisième possibilité ainsi que la première et la dernière.

Finalement, vous devrez mettre un trait d'union avant et après le T seulement pour **encadrer** ce T qui facilite la prononciation. Vous écrirez donc: «**Y a-t-il** un moyen de progresser en orthographe?» avec un trait d'union avant et après le T.

Souvenez-vous, vous devez l'encadrer!

La petite info en +

L'apostrophe en français est principalement utilisée pour indiquer l'élision d'une lettre. « Y-a-t'il » ne pourrait pas s'écrire ainsi, avec l'apostrophe, car elle ne remplacerait aucune lettre.

On s'entraîne !

CONSIGNE : Cachez l'explication ci-dessus et faites comme si c'était à vous de la donner à quelqu'un. Puis vérifiez que vous l'avez transmise correctement en la relisant. Si ce n'est pas le cas, recommencez l'exercice.

RÈGLE NUMÉRO 49

« prend » ou « prends » ?

Je… bientôt des vacances.

Quelle est l'explication ?

Pour tous les verbes qui se terminent en « **dre** » comme « pren**dre** », vous mettrez un S avec « je ».

➡ Je pren**ds** : avec un D et un S

Tu pren**ds** : avec un D et un S

Il ou elle pren**d** : avec un D

Mais attention, les verbes en « in-dre » ou « sou-dre » perdent leur D.

➡ Pe**indre** : vous écrirez donc « Je pein**s** » avec un S simplement.

➡ Rés**oudre** : « Tu résou**s** » avec un S

➡ plai**ndre** : « Il se plain**t** » avec un T

On s'entraîne !

CONSIGNE : Complétez les phrases suivantes avec la bonne conjugaison du verbe entre parenthèses.

1. Je … toujours mes dossiers en temps et en heure. (rendre)

2. Tu … le bus chaque matin et tu arrives en retard. (attendre)

3. Il …… la chambre du futur bébé en vert. (peindre)

4. Arrête ! Tu te … à longueur de journée. (plaindre)

5. Je … mes convictions mais je reste ouvert à la discussion. (défendre)

Solutions page 358

RÈGLE NUMÉRO 50

« prêt » ou « près » ?

Il n'est pas … de prendre sa retraite.

Quelle est l'explication ?

Ici, il faut écrire « près » avec un S.

« Près » avec un S est très souvent suivi par le petit mot « **de** ». On le retrouve dans les phrases où il y a une notion de proximité.

➡ « Il n'est pas **près de** prendre sa retraite » signifie que ça ne va pas arriver bientôt.

Vous écrirez également : « Il habite **près de** chez nous » avec un « s ».

Ça signifie « à côté de chez nous ».

« Prê**t** » avec un T est souvent suivi par le petit mot « **à** ».

Ça signifie « disposé à, préparé à ».

Vous le retrouvez également dans des phrases comme : « Il est **prêt** pour demain. » = « Il est préparé pour demain. »

Dans la phrase : « Il n'est pas **prêt à** prendre sa retraite. »

Attention, ici, vous mettez bien « prê**t** » avec un « T ».

Il y a un T après, car au féminin, vous dites : « prê**te** ». Il est suivi de « à » et signifie « **d**isposé à ». Il n'est pas disposé à prendre sa retraite. Vous retrouvez le « à » dans « disposé à ».

On s'entraîne !

CONSIGNE : Complétez les phrases suivantes avec « prêt » ou « près ».

1. Je suis … à relever ce défi et je vais donner le meilleur de moi-même.

2. J'étais … à partir en vacances quand il m'a demandé d'envoyer ce dossier avant demain.

3. Je ne suis pas … de te croire après tous les mensonges que tu as racontés.

4. Il y a … de dix minutes d'attente avant d'avoir un conseiller au téléphone.

5. Je ne suis pas … de l'oublier !

Solutions page 358

LE CONSEIL DE MADAME L'ORTHOPHONISTE !

Interrogez-vous sur les rôles des mots, les liens qu'ils entretiennent et sur le sens de ce que vous écrivez pour éviter de nombreuses fautes d'orthographe !

PAUSE ORTHO'

Voici une liste de pléonasmes qu'il vaut mieux éviter.

Mais avant de poursuivre, un pléonasme c'est quoi ?

C'est un terme qui **répète** ce qui vient d'être dit.

Voici quelques exemples que l'on entend fréquemment !

→ « Monter en haut ».

Pas besoin de préciser « en haut » car il y a déjà une notion de hauteur dans « monter ». Vous ne montez jamais en bas, si ?

Et c'est le même principe pour « descendre en bas ».

→ « Du tri sélectif » ?

Il suffit de dire « Je fais du tri » et non du tri sélectif car trier signifie déjà sélectionner, séparer.

→ « Prédire à l'avance ».

Prédire signifie dire à l'avance : pas besoin d'ajouter « à l'avance » derrière « prédire ».

→ « Une marche à pied » ?

Une marche suffit ! Eh oui, vous ne ferez pas une marche en voiture.

→ « Ça s'est avéré vrai ».

Avéré signifie reconnu comme vrai, donc pas besoin d'ajouter « vrai » après avéré.

→ « reporter à une date ultérieure » signifie remettre à plus tard. Il n'est pas nécessaire d'ajouter « à une date ultérieure ».

Bon à savoir !

Un pléonasme est parfois utilisé volontairement pour insister sur ce que l'on veut dire. C'est alors une figure de style.

RÈGLE NUMÉRO 51

« ranimer » ou « réanimer » ?

Il a été… plusieurs fois.

Comment les différencier ?

Les mots « ranimer » et « réanimer » sont souvent utilisés de manière interchangeable mais il y a pourtant une légère différence.

« Ranimer » signifie **raviver**, **redonner vie** ou ranimer quelque chose qui a été affaibli ou éteint. Il est généralement utilisé pour décrire le fait de redonner de l'énergie, du dynamisme ou de l'enthousiasme à une personne ou à une situation. Par exemple, nous pourrions dire : « Les encouragements du public ont **ranimé** le coureur fatigué. » ou « Son message a **ranimé** l'espoir de ces enfants. »

« Réanimer » se réfère spécifiquement au fait de **ramener à la vie** une personne ou un organisme qui était inconscient, en arrêt cardiaque ou en état critique.

Il sera réservé au domaine des soins médicaux d'urgence et de la réanimation cardio-respiratoire.

Nous pourrions dire : « Les médecins ont réussi à le **réanimer** après une crise cardiaque. »

On s'entraîne !

CONSIGNE : Complétez les phrases par « ranimer » ou « réanimer » ?

1. L'arrivée du printemps … la nature endormie.
2. L'arrivée du DJ a … l'ambiance du mariage.
3. Les secouristes ont pu le … grâce à un massage cardiaque.

Solutions page 358

Quelle est l'erreur dans cette phrase ?

Je me suis faite avoir.

Quelle est l'explication ?

Je vous donne le contexte : c'est une femme qui parle.

Vous ne devez pas dire ni écrire « fait**e** ».

Lorsque vous avez la construction « fait » + un infinitif derrière, vous n'accordez pas « fait ».

Petit rappel : un verbe à l'infinitif est le verbe dans sa forme « endormie », c'est-à-dire tel que vous le trouvez dans le dictionnaire. Il n'est pas conjugué à un temps et il n'y a pas de terme qui le « commande », autrement dit, pas de sujet.

« Fait » suivi d'un verbe à l'infinitif est invariable. Il n'aura pas de S ou de E, quel que soit le contexte de la phrase.

Vous écrirez donc : « Elle s'est fai**t** avoir » sans E à « fait ».

➡ « Ils se sont fai**t** poursuivre par un chien » sans S même si c'est « ils » avec un S car il y a « poursuivre » (un verbe dans sa forme « endormie ») derrière « fait ».

On s'entraîne !

CONSIGNE : Complétez par « faire » en imaginant que c'est une femme qui parle ou que la phrase concerne une femme.

1. Je me suis … couper les cheveux.

2. Elle s'est … doubler car elle ne roulait pas assez vite.

À vous d'inventer une phrase et de l'écrire.

3. ____

Solutions page 358

RÈGLE NUMÉRO 53

« inclue » ou « incluse » ?

La livraison est … dans le prix.

Quelle est l'explication ?

Au féminin, faut-il écrire « inclu**e** » ou « inclu**se** » ?

La livraison est « inclu**e** » ou est « inclu**se** » ?

Vous direz et écrirez : « La livraison est inclu**se** dans le prix. »

« C'est inclus » signifie « c'est compris ».

Au masculin, « inclus » s'écrit avec un « s ».

Vous dites : « Le repas est inclu**s** dans le prix » avec un « s » à « inclus ».

Le S « prépare » le mot à recevoir le féminin.

Vous direz donc « inclu**se** » au féminin.

➔ « C'est le prix du loyer charges inclus**es** ». S à la fin, car il y en a plusieurs.

On s'entraîne !

CONSIGNE : Inventez une phrase avec « incluse ».

RÈGLE NUMÉRO 54

« paye » ou « paie » ?

Vous êtes disponible ce soir ?
Je … l'addition !

Quelle est l'explication ?

Vous avez peut-être déjà douté entre ces deux mots mais les deux sont possibles dans cette phrase !

Pour tous les verbes qui se terminent par -AYER comme « p**ayer** », « ess**ayer** » ou encore « bal**ayer** », le Y peut se transformer en I mais devant un E « muet » uniquement. À cette seule condition !

Vous pourrez donc écrire :

- Je pa**ie** ou je pa**ye** ;
- Ils essa**ient** ou ils essa**yent ;**
- Tu bal**aies** ou tu bal**ayes ;**

car les E qui suivent les I et Y ne se prononcent pas.

Mais attention, vous devrez obligatoirement mettre un Y à :

- Nous essa**y**ons ;
- Vous bala**y**ez ;

➡ Nous pa**y**ons ;

car ils sont suivis d'un O ou d'un E que l'on entend.

La petite astuce

Si vous doutez, mettez toujours un Y, vous êtes sûr de ne pas vous tromper !

La petite info en +

En suivant la règle expliquée, vous pouvez écrire « une fiche de pa**ie** » ou « une fiche de pa**ye** ». Le premier est plus fréquent mais les deux sont corrects.

On s'entraîne !

CONSIGNE : Complétez les phrases suivantes avec la forme qui convient.

1. J'…… (essayer) de trouver un équilibre entre ma carrière professionnelle et ma vie privée.

2. Il …… (employer) 200 salariés.

3. Vous nous …… (effrayer) avec vos histoires à dormir debout.

Solutions page 358

« tabou » ou « taboue » ?

C'est une question…

Quelle est l'explication ?

La bonne réponse est « tabou**e** » avec un E.

« Un tabo**u** » est un interdit d'ordre moral ou religieux.

Dans ce cas-là, « tabou » est un nom.

Mais ! Vous pouvez également parler de quelque chose qui est tabou, qui fait l'objet d'un tabou. Un sujet, un mot tabou, c'est un sujet ou un mot sur lequel on fait silence par crainte ou par pudeur. Dans ce cas précis, « tabou » s'accorde alors avec le mot auquel il se rapporte. « Sujet » est un mot masculin. On dit bien « **un** sujet ». Alors « tabo**u** » sera également au masculin.

Si « tabou » se rapporte à un mot féminin ou pluriel, alors il prendra la marque du féminin et du pluriel.

Une question « tabou**e** ». Vous mettez un « e » à « tabou » car il s'agit d'une question (féminin). Des phrases « tabou**es** » : « phrases » est au féminin et au pluriel. « Taboues » sera au féminin et au pluriel avec un « e » et un « s ».

On s'entraîne !

CONSIGNE : Complétez les phrases suivantes avec la bonne forme du mot « tabou ».

1. La politique, la religion et la mort sont souvent des sujets … en société.

2. Encore aujourd'hui, parler de santé mentale reste un … dans certaines cultures.

Solutions page 358

RÈGLE NUMÉRO 56

« banals » ou « banaux » ?

Ce sont des sujets...

Quelle est l'explication ?

Dites-vous, ce sont des « sujets bana**ls** » ou des « sujets ban**aux** » au pluriel ?

Si « banal » signifie « commun », sans originalité, alors le pluriel sera « bana**ls** » avec un S.

Vous parlerez donc de « compliments banal**s** » ou de « sujets banal**s** ».

Attention, « ban**aux** » existe cependant, mais dans les termes de féodalité. Il n'a donc pas le même sens. Vous parlerez de fours, de moulins, « ban**aux** » par exemple, c'est-à-dire qui appartiennent à la circonscription d'un seigneur.

LE CONSEIL DE MADAME L'ORTHOPHONISTE !

Pas de pression !

Voyez ces apprentissages comme un jeu. Il n'y a pas de pression de temps ou de perfection à atteindre.

PAUSE ORTHO'

On dit « un » ou « une » ? PARTIE 2

Il y a certains mots pour lesquels nous hésitons, nous vérifions

et... nous oublions aussitôt !

Pour éviter de vous perturber, voici une liste avec **uniquement** des mots féminins cette fois !

La liste est courte car il vaut mieux en apprendre peu à la fois et retenir que beaucoup et avoir oublié dans deux jours !

Les petites astuces

Comme toujours, j'essaye de trouver des astuces pour vous aider à retenir.

Vous pouvez bien entendu trouver vos propres moyens mnémotechniques.

C'est un outil puissant, une aide à la mémorisation.

Ici, je vous propose pour chaque mot un synonyme, autrement dit, un mot qui a le même sens.

Vous l'aurez certainement deviné, ce synonyme est lui-même au féminin ! (Et pour celui-ci on ne doute pas !)

Ça vous aidera à vous souvenir que ces mots sont au féminin et ça enrichira votre vocabulaire.

Petit conseil au passage : diversifier votre langage vous permettra d'apporter de la nuance à votre message. Il sera plus riche, plus agréable à lire. Pensez-y !

Une échappatoire

C'est une façon de se tirer d'embarras.

UNE échappatoire = **UNE** fuite = **UNE** porte de sortie

➡ Les trois sont féminins.

Vous direz par exemple :

→ « Il ne veut pas aller à ce dîner mais n'a aucu**ne** échappatoire. »

« Aucu**ne** » au féminin donc !

Une aura

C'est une atmosphère qui entoure ou semble entourer un être.

UNE aura = **UNE** atmosphère

➡ Les deux sont féminins.

Vous direz par exemple :

→ « Cet homme a **une** aura incomparable. »

Une orbite

C'est la cavité osseuse dans laquelle se trouve l'œil.

C'est également la trajectoire, la courbe d'une planète ou d'un satellite (par exemple) autour d'une autre planète.

UNE orbite = **UNE** trajectoire = **UNE** courbe

ou encore **UNE** cavité (selon le sens)

➡ Les trois sont féminins.

Vous direz par exemple :

→ « L'orbite de son œil est **creuse** car il est fatigué. »

Une omoplate

C'est la partie postérieure de l'épaule.

UNE omoplate = **LA** partie d'**UNE** épaule

➡ Que des mots féminins !

Bien entendu, la technique ne fonctionne pas à chaque fois, malheureusement !

Ce que je veux vous montrer, c'est qu'il existe des astuces pour mémoriser et progresser et c'est valable pour tous les apprentissages !

Attention ! Dans quelques pages, je vous proposerai un quiz sur ce qui a été vu précédemment.

LE CONSEIL DE MADAME L'ORTHOPHONISTE !

Mon conseil ? Dans une heure, essayez de vous remémorer ce que vous avez retenu.

Certains points vous ont échappé ? Revenez quelques pages en arrière et prenez un instant pour les relire.

Ce soir, faites la même chose : ravivez ce que vous avez appris et vérifiez si tout est correct ensuite.

C'est le chemin vers un apprentissage solide.

« ai » , « ait » ou « aie » ?

Il faut que j'… du courage !

Quelle est l'explication ?

Vous l'écrirez « ai**e** ».

- « Il faut que tu ai**es** du courage ».
- « Il faut qu'il a**it** du courage ».

Première chose à repérer ici : vous êtes en présence du verbe « avoir ». Vous dites bien : « avoir du courage ».

Deuxième chose à repérer : la phrase est au subjonctif.

Le subjonctif est utilisé pour parler de faits **incertains**, d'une **hypothèse**, d'une **envie** ou encore d'une **action que l'on envisage**. C'était le petit aparté mais bonne nouvelle… vous n'avez pas besoin de retenir ceci pour comprendre la règle ! Il faut « sentir » le subjonctif et ça nécessite de s'interroger sur le sens de votre phrase.

La difficulté principale est de ne pas confondre « avoir » au présent et au subjonctif, notamment avec « je » car au présent, vous dites : « J'a**i** du courage » et au subjonctif, « il faut que j'a**ie** du courage ». Nous entendons la même chose, mais au subjonctif, il y a un E à « j'ai**e** ».

Vous retrouverez souvent le « que » avec le subjonctif :

« Il faut **que**… », « bien **que**… »

Les petites astuces

Si vous avez un doute entre subjonctif et présent, remplacez « je » par « nous ».

➔ « Il faut que **j**'ai**e** du courage » = « il faut que **nous ay**ons du courage ».

Vous ne direz pas « il faut que nous **avons** du courage » (nous avons = avoir au présent), vous savez alors que c'est du subjonctif et que vous devez mettre un « e » avec « j'ai**e** ».

Remplacez le verbe « avoir » par un verbe dans lequel vous entendez la différence entre subjonctif et présent. Essayons avec le verbe « prendre ».

Vous direz bien : « Il faut que je pr**enne** ma valise » (subjonctif) et non : « Il faut que je **prends** ma valise » (présent).

On s'entraîne !

CONSIGNE : Complétez les phrases suivantes avec la bonne forme du verbe avoir.

1. Il faut que tu … confiance en toi. Tu as beaucoup de qualités.

2. Bien qu'il … appris à nager, il n'aime pas s'éloigner du rivage.

Solutions page 358

RÈGLE NUMÉRO 58

« Résouds » ou « résous » ?

Je … mes problèmes et les tiens.

Quelle est l'explication ?

Une erreur fréquente lorsque vous écrivez une phrase avec « résoudre » ? Garder le « D ». Les verbes en « **soudre** » comme « ré**soudre** », « dis**soudre** », « ab**soudre** », perdent leur « D ».

Vous écrirez donc :

- « je résou**s** » avec un « s » seulement.
- « tu résou**s** » avec un « s »
- « il ou elle résou**t** » avec un « t ».

Même chose avec dissoudre et absoudre.

Il n'y en a que trois, donc ça va être assez facile à retenir.

Attention !

Les autres verbes en « **-oudre** » fonctionnent comme les verbes en « **dre** ».

Par exemple : pour le verbe « coudre », vous écrirez « je cou**ds** » avec un « D » et un « S ».

→ « Tu cou**ds** » et « il cou**d** » avec un D.

La petite astuce

La couturière a besoin d'un **dé** « D » pour coudre !

On s'entraîne !

CONSIGNE : Complétez les phrases avec la bonne forme du verbe entre parenthèses.

1. Je … souvent des énigmes qui paraissent insolubles. (résoudre)

2. Le sel se … rapidement dans l'eau chaude. (dissoudre)

3. Le prêtre … les péchés des fidèles. (absoudre)

4. Peux-tu faire ma robe de mariée ? Tu … avec tant d'habileté ! (coudre)

5. Je … fraîchement les grains de café chaque matin pour le petit déjeuner car j'adore cette odeur. (moudre)

Solutions page 359

RÈGLE NUMÉRO 59

« notre » ou « nôtre »

C'est … fille. C'est la … !

Quelles sont les bonnes réponses ?

Vous écrirez « c'est n**o**tre fille » : « notre » sans accent.

Mais « c'est la n**ô**tre ! » avec un accent.

La petite astuce

Vous n'avez pas besoin de connaître les termes grammaticaux de ces deux mots pour savoir lequel utiliser.

Si vous pouvez remplacer « n**o**tre » par « nos », alors ce sera « n**o**tre » sans accent.

«Nos » est le pluriel de « n**o**tre » : il est suivi d'un mot au pluriel alors que « notre » sera suivi d'un mot au singulier (une seule unité).

Reprenons notre exemple : « C'est n**o**tre fille », vous pouvez dire : « Ce sont **nos** filles. »

La petite astuce en +

« **No**s » n'a pas d'accent, alors « **no**tre » n'a pas d'accent non plus.

« **Nô**tre » avec un accent circonflexe est souvent précédé de « **le** » ou « **la** ». Si vous écrivez : « c'est la **nô**tre », vous ne pouvez pas remplacer par « C'est la nos », alors vous savez que c'est « **nô**tre » avec un accent circonflexe.

On s'entraîne !

CONSIGNE : Complétez les phrases suivantes avec « notre » ou « nôtre ».

1. … esprit d'équipe nous a permis de mener à bien ce projet.
2. La langue fait partie de … patrimoine historique.
3. Ceci est votre opinion, merci de respecter la …
4. Je le considère comme mon frère, il fait partie des …

Solutions page 359

LE CONSEIL DE MADAME L'ORTHOPHONISTE !

Beaucoup d'entre vous se « bloquent » avec l'orthographe car les termes utilisés sont souvent complexes et barbares (COD, auxiliaire, déterminant...). Mais l'orthographe en français suit une certaine logique. Ce qui importe c'est surtout de comprendre le rôle des mots et les liens qu'ils ont les uns avec les autres. Voilà pourquoi j'insiste souvent sur le sens ! Questionnez-vous ! Vous vous apercevrez que connaître tous ces termes utilisés depuis votre enfance pour expliquer les règles n'est pas indispensable. Non, ce n'est pas grave si vous ne les retenez pas !

Vous avez d'ailleurs peut-être remarqué que je les évite moi-même au maximum dans les règles proposées ou je les « traduis ».

Comprendre et trouver des astuces peut vous aider à progresser significativement en orthographe.

Débloquez-vous !

RÈGLE NUMÉRO 60

« on » ou « ont »

Ils nous… appris qu'…
ne pouvait pas se baigner
sur cette plage sans autorisation.

Quelle est l'explication ?

« Ont », c'est « avoir » au présent. Par exemple, vous écrirez : « Ils **ont** faim. » (avoir faim)

« On » est un petit mot qui remplace un autre mot. Le « on » représente des personnes. Vous pourriez le remplacer par « nous ».

Si vous écrivez : « **On** apprend beaucoup dans ce cours d'histoire » et que vous vous questionnez sur le sens, vous savez que le « on » représente par exemple des élèves. Vous pouvez dire « **nous** apprenons beaucoup dans ce cours d'histoire. »

La petite astuce

« Ont » peut être remplacé par « **avaient** » : c'est aussi « avoir », mais à un autre temps.

Par exemple, vous pouvez remplacer « ils **ont** faim » par « ils **avaient** faim ».

Dans « **avaient** » et dans « **ont** », vous retrouvez le -NT qui est la marque du pluriel. Pensez-y !

Dans notre exemple, vous devrez donc écrire :

➡ « Ils nous **ont** appris qu'**on** ne pouvait pas se baigner sur cette plage sans autorisation. »

Car vous pourriez dire : « Ils nous **avaient** appris que **nous** ne pouvions pas nous baigner sur cette plage sans autorisation. »

On s'entraîne !

CONSIGNE : Complétez les phrases suivantes avec « on » ou « ont ».

1. Le voyage permet de découvrir qui l'… est vraiment.

2. Ils … la capacité de réussir brillamment si … les accompagne et si … les soutient.

3. En se soutenant, … peut réaliser de grands projets.

Solutions page 359

PAUSE ORTHO'

On dit « trop » ou « très » ?

→ Elle est **trop** belle.

Cette phrase est-elle correcte ? Quelle est la différence entre « trop » et « très » ?

« Elle est **trop** belle » est une expression qui peut être tout à fait utilisée. C'est du langage plutôt familier qui signifie : « Elle est incroyablement belle. »

Dans un langage plus formel, vous veillerez à faire la différence entre « trop » et « très ».

« Trop » signifie en **excès**.

Vous direz, par exemple : « Ce plat est **trop** salé. »

C'est plutôt négatif.

Vous signifiez que vous ne l'aimez pas car il est salé à l'excès.

« Très » met davantage l'accent sur l'**intensité**. Vous direz, par exemple : « Cette leçon est **très** intéressante. » Ça signifie qu'elle est vraiment intéressante.

Les deux mots n'ont donc pas le même sens, mais le niveau de langage est également à prendre en compte.

On s'entraîne !

CONSIGNE : Complétez les phrases suivantes avec « très » ou « trop ».

1. Je suis … fatigué pour sortir ce soir, allez-y sans moi !

2. Le gâteau était … sucré à mon goût.

3. J'ai bien reçu votre lettre de motivation, je reviendrai vers vous … rapidement.

Solutions page 359

LE CONSEIL DE MADAME L'ORTHOPHONISTE !

Vérifiez !

Nous savons tous comment ça se passe ; parfois, nous avons un doute sur le sens d'un mot, sur son orthographe et nous nous disons : « Ce serait bien que je vérifie mais... j'ai la flemme ! »

Je le sais car ça m'arrive aussi !

« Ne remets pas à demain ce que tu peux faire le jour même. »

Vous ne connaissez pas la règle ? Vous avez fait des erreurs au quiz ? Vous avez un doute ? Vérifiez, cherchez l'information MAINTENANT !

Pas demain, non maintenant, au moment où vous en avez besoin. Vous la retiendrez mieux.

Ça vous prendra combien de temps de chercher l'information ? Quelques minutes à peine ! Mais vous aurez la réponse à votre question et vous saurez pour « les prochaines fois ».

C'est ainsi que l'on fait grandir notre savoir, notre culture un peu plus chaque jour.

RÈGLE NUMÉRO 61

« convaincre » ou « se convaincre »

Je me… qu'il a raison.

Quelle est l'explication ?

Une conjugaison un peu particulière, celle de « convaincre ».

Convaincre quelqu'un, c'est le persuader de quelque chose. « **Se** convaincre » signifie se persuader de quelque chose.

Vous écrirez : « Je me convain**cs** » avec un C et un S.

➡ « Tu te convain**cs** »

➡ « Il / elle se convain**c** »

➡ « Nous nous convain**qu**ons ». Ici, attention, le « C » se transforme en « QU ».

➡ « Vous vous convain**qu**ez », même remarque que précédemment.

➡ « Ils ou elles se convain**qu**ent »

Vous écrirez, par exemple : « Je me convain**cs** qu'il a raison » qui signifie : « Je me persuade qu'il a raison. »

L'info bonus : même règle avec « vaincre » qui signifie « battre ».

➡ Je vain**cs** / Tu vain**cs** / Il ou elle vain**c** / nous vain**qu**ons / vous vain**qu**ez / Ils ou elles vain**qu**ent.

On s'entraîne !

CONSIGNE : Complétez les phrases suivantes.

1. Je … mes amis de me rejoindre pour les vacances.

2. Tu … chaque personne rencontrée de participer à la collecte de fonds.

3. Il … ses clients d'acheter ses produits chaque fois qu'il se déplace.

4. Ils se … d'avoir toujours raison.

5. Je … mes peurs en me lançant des défis (vaincre).

Solutions page 359

RÈGLE NUMÉRO 62

« J'ai fais » ou « j'ai fait »

J'ai… la liste de tout ce que je veux vivre ces prochaines années.

Quelle est l'explication ?

« J'ai fai**s** » avec un S, c'est faux !

La petite astuce

Cherchez le féminin !

Pour cela, tournez la phrase ainsi : « La liste a été fai**te**… »

Vous ne dites pas : « La liste a été faise » ? Non ! Donc il n'y a pas de s à « fai ».

Le féminin de « fait » ? C'est « fai**te** ». Dans : « J'ai fai**t** la liste » vous mettez un t à « fait » pour « préparer » le mot à recevoir un éventuel féminin.

On s'entraîne !

CONSIGNE : Complétez les phrases suivantes.

1. J'ai … une erreur dans mon rapport. Je la corrige et je te le renvoie.

2. Tu peux sortir si tu as … tes devoirs.

3. Nous avons … nos valises.

Solutions page 359

RÈGLE NUMÉRO 63

« Or » ou « Hors »

J'avais tout prévu, … ils ne sont pas venus.

Quelle est l'explication ?

Ici, vous écrirez « **Or** » qui signifie « **et pourtant** ».

La petite astuce

Si dans votre phrase, vous pouvez remplacer « **or** » par « **et** », alors c'est bien « or » qu'il faudra écrire.

➡ « J'avais tout prévu, **or** ils ne sont pas venus. » Vous pouvez dire : « J'avais tout prévu **et** ils ne sont pas venus. »

« Hors » signifie « en dehors de ». Vous retrouvez la même racine.

Par exemple, dans la phrase : « Cette attitude me met **hors** de moi », c'est « hors », car vous ne pouvez pas remplacer par « et ».

On s'entraîne !

CONSIGNE : Complétez les phrases suivantes avec « hors » ou « or ».

1. Vérifie que les bonbons sont … de sa portée.

2. Le spectacle a été annulé, … les spectateurs étaient déjà là.

3. La ville est … d'une zone sismique, … ils ressentent parfois des secousses.

Solutions page 359

RÈGLE NUMÉRO 64

« acquérir »

J'… une maison.

Quelle est l'explication ?

« Acquérir » signifie **posséder**, **devenir propriétaire** d'un bien.

Vous direz : « J'**acquiers** une maison. »

Attention à l'orthographe.

Pour commencer, n'oubliez pas le « c » avant le « q ».

Et la fin du mot s'écrira « -ers ».

Si vous étiez tenté de mettre un « e » avant le « s », sachez qu'il n'y en a pas.

Poursuivons avec « tu » : « Tu acqui**ers** » avec un « s » également.

- « Il ou elle acqui**ert** » avec un T.
- « Nous acqué**rons** »
- « Vous acqu**érez** »
- « Ils ou elles acqui**èrent** »

La petite info en +

« J'ai **acquéri** de l'expérience. »

« acquéri » ? Vous l'avez déjà entendu ?

« acquérir de l'expérience » signifie développer des connaissances, des compétences dans un domaine. Mais attention, vous ne dites pas : « J'ai acquéri de l'expérience » mais : « J'ai **acquis** de l'expérience. »

« Nous **acquerrons** une nouvelle maison le mois prochain » : ici, c'est une action qui se déroulera dans le futur (c'est le mois prochain) ! L'orthographe n'est pas la même qu'au présent. Vous mettrez deux R et pas d'accent sur le E.

On s'entraîne !

CONSIGNE : Complétez les phrases suivantes en conjuguant le verbe « acquérir ».

1. Grâce à mes nombreux voyages, j'… de nouvelles connaissances.

2. Nous … progressivement de nouvelles compétences en orthographe.

3. Vous … de l'expérience dans tous les domaines au cours de votre vie.

Solutions page 360

RÈGLE NUMÉRO 65

« en fait », « enfait », « en faite » ou « enfaite »

… je serai en retard, pars sans moi.

Quelle est l'explication ?

« **En fait** » s'écrit en deux mots et sans « e ».

« En fait » signifie « **en réalité** » ou « **finalement** ».

« **En fait**, je serai en retard, pars sans moi » = « **En réalité**, je serai en retard, pars sans moi. »

Nous entendons le « t » car nous le prononçons, mais il n'y a pas de « e ».

La petite astuce

« En réalité » s'écrit en deux mots donc « en fait » s'écrit en deux mots également.

La petite info en +

À ne pas confondre avec « **au** fait » qui signifie « à propos », « puisque nous en parlons ».

Vous direz par exemple : « Ah, **au fait**, as-tu retrouvé tes clefs ? »

On s'entraîne !

CONSIGNE : Inventez une phrase avec « en fait » et écrivez-la.

RÈGLE NUMÉRO 66

« attention » ou « inattention »

J'ai fait une faute…

Quelle est l'explication ?

« Faute d'attention », « faute d'inattention », les deux existent, mais ici, vous devez dire : « J'ai fait une faute **d'inattention**. »

« Une faute d'inattention », c'est une faute commise par **inattention**. Vous pouvez mettre un petit mot comme « une » ou « les » devant. Par exemple, je pourrais vous dire : « Relisez-vous pour éviter les fautes d'**inattention** », c'est-à-dire les fautes d'étourderie.

La locution « faute d'**attention** » peut être remplacée par « par **manque d'attention** ».

➡ « Faute d'**attention**, j'ai oublié mes clés. » Vous pouvez dire : « Par **manque d'attention**, j'ai oublié mes clés. »

Vous la rencontrerez souvent en début de phrase et vous ne pouvez pas mettre de petit mot comme « une » devant.

On s'entraîne !

CONSIGNE : attention ou inattention ?

1. Il est important de se relire car nous faisons souvent des fautes d'… en voulant aller trop vite.

2. Faute d'… pendant la diffusion du film, je n'ai pu répondre aux questions qu'il m'a posées.

Solutions page 360

RÈGLE NUMÉRO 67

« saurais », « saurai », « serai » ou « serais »

Je vous… gré.

Quelle est l'explication ?

Vous avez déjà certainement utilisé cette formule de politesse en fin de courrier, par exemple.

« Gré » est un nom commun. « Le gré » signifie la **reconnaissance**, la **gratitude**. Il est associé à savoir. « Savoir gré », c'est savoir être conscient de la reconnaissance que l'on a pour quelqu'un, pour une chose qu'elle va accomplir. C'est devenu une formule de politesse.

Vous direz par exemple : « Je vous **saurais gré** de bien vouloir me recontacter. » Ça signifie que « j'aurai de la r**econnaissance envers vous** si vous accédez à ma demande ».

Comme c'est une formule de politesse, il est préférable de l'utiliser au conditionnel, donc avec un « s ». C'est plus doux, moins formel que le « futur », qui est une demande plus impérative et moins atténuée.

La petite info en +

Le conditionnel, vous pouvez « sentir » lorsque vous devez l'utiliser. Vous le retrouverez souvent dans les formules de politesse, les souhaits, les faits soumis à condition et pour lesquels la réalité n'est pas complètement certaine.

On s'entraîne !

CONSIGNE : Inventez une phrase avec « Je vous saurais gré… » et imaginez une situation où vous pouvez être amené à utiliser cette locution.

LE CONSEIL DE MADAME L'ORTHOPHONISTE !

La mise en situation : projetez-vous !

Vous venez d'apprendre une nouvelle règle d'orthographe ou un nouveau mot : mettez-vous en situation de l'utiliser. Prenez un instant pour imaginer une phrase, un contexte dans lesquels vous pouvez être amené à l'employer.

PAUSE ORTHO'

On dit « tout » ou « toute » ?

À … à l'heure !

« À **tout** à l'heure » sans E à TOUT.

Vous l'entendez, mais il vient de la liaison entre le « t » et le « a ».

Vous utilisez cette formulation à la fin d'un message, par exemple, pour dire à la personne que vous la reverrez un peu plus tard.

La petite astuce

« À **tout** à l'heure » signifie « à **tout** de suite ». Dans le « tout », de « à tout de suite », vous ne mettez pas de « e » à « tout », donc pas de « e » dans le « tout » de « à tout à l'heure » non plus.

On s'entraîne !

CONSIGNE : Votre mission : pensez à ce que vous venez d'apprendre la prochaine fois que vous écrirez un SMS !

RÈGLE NUMÉRO 68

« sorti » ou « sortie » ?

Elle est … sans me prévenir.

Quelle est l'explication ?

Devez-vous ajouter quelque chose à la fin de « sorti… » ?

Le temps utilisé ici est un temps composé pour parler du passé (on l'appelle passé composé, il porte bien son nom !).

Il est composé de deux parties : « est + sorti ».

La partie 1 : « **est** », c'est « être » au présent.

La partie 2 : « **sorti** »

Lorsque la partie 1, c'est « être », vous devez vous poser la question : « Qui fait ou qui subit l'action ? ». Ici : « Qui est sorti ? » C'est « **elle** ».

« **elle** » représente une personne **féminine et seule** (il n'y a pas de S à « elle », c'est au singulier).

« sorti » doit « bien aller » au sens « se mettre d'accord » ou encore « s'accorder » avec « elle ».

Vous écrirez donc : « Elle est sorti**e**. » Avec un E.

On s'entraîne !

CONSIGNE : Complétez si nécessaire.

1. Toutes les framboises sont mangé… par les oiseaux.

N'oubliez pas : QUI subit l'action d'être mangé ?

2. Il est parti… de bonne heure ce matin.

Qui est parti ?

3. Elle est devenu… une référence dans son domaine.

Qui est devenu une référence dans son domaine ?

Solutions page 360

RÈGLE NUMÉRO 69

« gagné » ou « gagnés » ?

Ils ont… des concours.

Quelle est l'explication ?

Cette phrase exprime un fait passé et il y a deux parties « ont + gagné ».

partie 1 = ont

partie 2 = gagné

«Ont», c'est « avoir » au présent (on dit bien « **avoir** gagné »).

Lorsque la partie 1, c'est « avoir », voici la méthode à suivre :

Vous écrivez : « Ils **ont** gagné ». STOP : posez votre stylo et questionnez-vous :

➡ « Ils ont gagné **quoi ?** »

Au moment où vous mettez ce STOP, est-ce que vous avez déjà écrit ce qu'ils ont gagné ?

Vous n'avez pas encore écrit « concours » ? NON !

Donc il n'y a rien à ajouter à « gagn**é** ». Autrement dit, il n'y a aucun accord à faire.

On s'entraîne !

CONSIGNE : Complétez les phrases suivantes.

1. Vous avez terminé… votre projet de recherche en avance.

2. Elle a visité… plusieurs pays et en garde de merveilleux souvenirs.

3. Ils ont célébré… leur victoire tout le week-end.

Solutions page 360

LE CONSEIL DE MADAME L'ORTHOPHONISTE !

Mettez de la couleur.

Pour apprendre, mettez de la couleur ! Surlignez, écrivez de couleurs différentes les mots importants d'une règle, faites des flèches, des schémas, ajoutez des icônes. Les couleurs attirent l'attention et les associations visuelles aident à organiser les informations et facilitent la mémorisation.

Lorsque vous voulez utiliser une règle apprise, faites l'effort de la rappeler à votre mémoire, revoyez la règle apprise avec ses couleurs, ses flèches…

Vous pourrez ainsi facilement transposer ce que vous avez appris au contexte de votre phrase.

RÈGLE NUMÉRO 70

« mangé » ou « mangée » ?

La tarte que j'ai mang…
était délicieuse !

Quelle est l'explication ?

N'oubliez pas le E à la fin de « mangé**e** » !

Certains vont penser : Oui, mais c'est avec « avoir », on n'accorde pas.

Mais il y a une petite nuance. Ici, nous avons toujours un temps composé qui est composé de deux parties : « AI » et « mangé ».

Partie 1 = AI

« **Ai** », c'est « avoir » (**avoir mangé** une tarte)

Partie 2 = mangé

La petite astuce

Comme nous l'avons vu précédemment, lorsque la première partie, c'est « avoir », vous devez chercher l'objet de l'action. Vous devez donc vous poser la question : « J'ai mangé **quoi** ? »

Puis, vous commencez à écrire : « La tarte que j'ai mangé » STOP : vous mettez un stop après « mangé ». Est-ce que vous avez déjà écrit ce qui a été mangé ? Oui, c'est la tarte.

Dans ce cas précis où « tarte » est avant « mangé », vous accordez avec tarte. « Tarte », c'est féminin et singulier (c'est **une** tarte et il y en a une seule). « Mangé » devra donc prendre un E et s'écrira « mang**ée** ».

À l'inverse !

➡ « J'ai … une tarte ».

Même technique : vous commencez à écrire « J'ai mangé » STOP : avez-vous déjà écrit ce qui a été mangé au moment où vous mettez le STOP ? Non, pas encore.

Alors vous n'accordez pas. Il n'y a pas de E à « mang**é** ».

Vous écrirez : « J'ai mang**é** une tarte. »

On s'entraîne !

CONSIGNE : Complétez les phrases suivantes.

1. J'ai … des dossiers incomplets. (rendre)

2. Les dossiers que j'ai … étaient incomplets. (rendre)

3. J'ai … des crêpes délicieuses. (acheter)

4. Les crêpes que j'ai … étaient délicieuses. (acheter)

Solutions page 360

LE CONSEIL DE MADAME L'ORTHOPHONISTE !

Message pour vous !

Je sais que l'orthographe peut être un sujet sensible pour beaucoup d'entre vous.

Les souvenirs associés sont souvent douloureux.

Dans votre vie actuelle, professionnelle ou privée, vous êtes amenés à écrire chaque jour.

Vous me faites part régulièrement de votre gêne, de la honte parfois, que vous ressentez au moment d'écrire.

Mais souvenez-vous que le principal c'est de communiquer, d'être dans l'échange et le partage.

Ça ne signifie pas tout lâcher, ne plus chercher à progresser si cela est un problème pour vous. Vous pouvez le résoudre. Si vous faites la démarche d'y travailler, c'est un grand pas. Ne vous mettez pas de pression inutile, allez-y progressivement. Jour après jour, étape après étape, vous progresserez et vous constaterez cette évolution.

RÈGLE NUMÉRO 71

« inquiet » ou « inquiète » ?

Elle a l'air…

Quelle est l'explication ?

Devez-vous dire : « Elle a l'air inqui**ète** » ou : « Elle a l'air inqu**iet** » ?

Ici, les deux sont possibles. Je vous explique la petite nuance.

Le plus souvent, « **avoir l'air** » signifie « **paraître** », mais ça peut également signifier « s**e donner l'air** », « **prendre l'air**… »

Dans notre exemple, si vous dites : « Elle a l'air inquiet », c'est que vous voulez dire « elle prend un air inquiet ». Alors, « inqu**iet** » s'accordera avec « air ».

Si maintenant vous voulez dire qu'elle **paraît inquiète**, qu'elle **semble inquiète**, alors vous accorderez « inquiet » avec « elle » et vous mettrez un « e » → « elle a l'air inqui**ète** ».

Finalement, quand c'est un être animé, une personne, alors les deux sont possibles selon le sens que vous voulez donner à votre phrase.

Si je vous dis : « Ces fruits ont l'air mûr**s** ». « Fruit » est un être inanimé, il ne vit pas. « Mûr » doit s'accorder avec « fruit ».

Le fruit ne peut pas « prendre l'air d'être mûr », alors « mûrs » avec un « s » comme « fruit**s** ».

On s'entraîne !

CONSIGNE : Entourez le bon mot !

1. Ces fleurs ont déjà l'air fané / fanée / fanées, je ne vais pas les acheter.

2. Elle a l'air content / contente de ses vacances.

Solutions page 360

RÈGLE NUMÉRO 72

« au temps » ou « autant » ?

Mon calcul est faux... pour moi !

Quelle est l'explication ?

Tous les grammairiens ne sont pas d'accord, mais d'après l'Académie française, la seule orthographe admise est « **au temps** » en deux mots.

Je vais vous expliquer l'origine de cette expression pour vous aider à mieux la comprendre. Ainsi, vous retiendrez plus facilement son orthographe.

« Au temps » était utilisé dans les exercices militaires. Ça signifiait : « Reprenez le mouvement depuis le début. » Aujourd'hui, lorsque vous dites : « **Au temps** pour moi », ça signifie que vous admettez vous être trompé et sous-entendez que vous allez reconsidérer les choses depuis le début. Il y a une certaine logique, car il y a une notion de **temps**.

« Autant » écrit ainsi renvoie à la notion de quantité.

Vous direz par exemple :

➡ « J'ai **autant** d'admiration pour lui que pour toi » = la même « quantité » d'admiration pour lui et pour toi.

Ou encore :

➡ « J'ai **autant** de robes que de pantalons ». = J'ai le même nombre de pantalons et de robes.

On s'entraîne !

CONSIGNE : Complétez les phrases suivantes par « au temps » ou « autant ».

1. Le rendez-vous n'était pas à 19 heures ? … pour moi, je pensais que c'était 20 heures. Je suis désolé pour mon retard.

2. Tu n'as pas eu … de chance que lui.

Solutions page 360

RÈGLE NUMÉRO 73

Quelle est la faute ?

On attend plus personne.

Quelle est l'explication ?

Il y a une faute dans cette phrase, l'avez-vous trouvée ?

Je vous laisse quelques instants pour la chercher. Puis je vous donnerai une petite technique pour ne plus vous tromper.

Ici, il ne fallait pas oublier le N' entre « on » et « attend ». Ce qu'on entend, ce n'est pas la liaison entre « on » et « attend ». Non, il s'agit d'une **phrase négative**.

D'ailleurs, vous avez un petit indice qui est le « **plus** » de la négation associé au « N' ».

La petite astuce

Je vous donne une technique si jamais vous doutez.

Il s'agit de remplacer « on » par « il » et là, vous entendrez la différence. Dans cette phrase, vous direz et vous écrirez : « Il **n'**attend plus personne » et là, vous entendez bien le « n » du « n' » de la **négation**. C'est la même chose lorsque vous écrivez : « On **n'**attend plus personne », il ne faut pas oublier le « n' ».

La petite info en +

Dans un écrit formel (courrier, etc.) ou selon le contexte (la personne à qui vous vous adressez), il est préférable d'utiliser « nous ».

Vous direz alors : « **Nous n'**attendons plus personne. »

On s'entraîne !

CONSIGNE : Choisissez la bonne proposition.

1. On a / n'a plus besoin de vous. Vous pouvez rentrer !

2. On embauchera / n'embauchera un nouveau comptable à la rentrée.

Solutions page 360

RÈGLE NUMÉRO 74

« pris », « prit » ou « pri » ?

Il a … des rendez-vous
mais les a oubliés.

Quelle est l'explication ?

Nous avons déjà vu cette règle. Avant de poursuivre, faites une pause. Essayez de vous en souvenir. Oui vous la connaissez ! C'est celle qui permet de savoir par quelle lettre se termine « pri » ! Je vous l'ai expliquée en utilisant un autre exemple mais le principe est le même.

Reprenons notre phrase .

Il fallait écrire : « Il a pris des rendez-vous mais les a oubliés. »

« Pris », c'est « prendre », conjugué à un temps composé. Il est composé de deux parties, « a » et « pris ». « Pris » est appelé participe passé.

Ne vous inquiétez pas si vous n'arrivez pas à retenir ce terme.

Parfois, à la fin de ce participe passé, il y a une lettre muette (une lettre qui ne se prononce pas).

LE CONSEIL DE MADAME L'ORTHOPHONISTE !

Il est nécessaire de raviver vos souvenirs, d'aller chercher l'information dans votre tête ! Vous l'avez ! Mais il faut faire l'effort de la retrouver lorsque vous en avez besoin. Petit à petit, ça deviendra automatique.

Deuxième conseil !

Transposez la règle à d'autres exemples. Il est important d'essayer de généraliser et de voir dans quel autre contexte vous pouvez utiliser une règle apprise.

La petite astuce

Cherchez le féminin !

Vous ne dites pas : « La place est pri**te**. » Non, donc pas de « t » à la fin de « pris ».

Vous ne dites pas non plus : « La place est pr**ie** » avec un « e » !

Vous dites bien : « La place est pri**se** » et là, vous entendez le « s ». Vous savez donc que dans notre exemple, « Il a pri**s** des rendez-vous… » vous devez mettre un « s » à « pris » pour le « préparer » à recevoir le féminin.

DICTIONNAIRE 2024

Je vous l'avais promis. Voici une liste de mots feront leur entrée dans le dictionnaire 2024 !

Complosphère : il s'agit de l'ensemble des sites internet qui prétendent informer en recopiant des informations non vérifiées et souvent fausses. Ça englobe également les personnes qui participent à la propagation de rumeurs et de théories du complot sur Internet.

Crush : c'est un anglicisme qui désigne une attirance pour quelqu'un. On l'entend souvent dans les conversations des adolescents (ou des plus grands !). Vous pouvez dire : « j'ai un crush pour L. », ça signifie que vous avez un petit faible pour lui / elle !

Ghoster : c'est encore un anglicisme, c'est-à-dire un mot qui vient de l'anglais. C'est du langage familier et ça signifie rompre tout contact avec quelqu'un soudainement sans fournir d'explication. C'est surtout utilisé pour parler des relations amoureuses.

Vous entendrez par exemple : « Elle m'a ghosté après m'avoir rencontré. » Ça signifie qu'elle ne lui a plus donné aucune nouvelle.

Ces mots sont la preuve de l'évolution de la langue française.

La langue vit et s'adapte. Des mots peuvent, par exemple, être créés pour parler des nouveautés de notre société.

On s'entraîne !

CONSIGNE : Complétez les phrases suivantes avec la bonne conjugaison du verbe entre parenthèses.

1. Ils ont … (comprendre) qu'ils avaient tort et ont présenté leurs excuses.

2. Alix a … (apprendre) à faire du vélo à l'âge de 3 ans.

Solutions page 361

RÈGLE NUMÉRO 75

« courons » ou « courrons » ?

Demain, nous… 10 km pour préparer le trail du mois prochain.

Quelle est l'explication ?

Pour ceux qui seraient tentés d'écrire « courirons », je vous arrête tout de suite : ça ne se dit pas !

Alors oui, les verbes au futur se conjuguent souvent à partir de l'infinitif auquel on ajoute la terminaison, mais pas pour ce verbe.

Petit rappel : l'infinitif, c'est la forme telle que vous la trouvez dans le dictionnaire, la forme « endormie » du verbe. Ici, c'est « courir ».

Vous écrirez donc :

- « Je cou**rr**ai » avec deux R
- « Tu cou**rr**as »
- « Il cou**rr**a »
- « Nous cou**rr**ons »
- « Vous cou**rr**ez »
- « Ils/elles cou**rr**ont »

Il ne faut donc pas oublier les 2 « R » à chaque fois.

On s'entraîne !

CONSIGNE : Complétez les phrases suivantes.

1. L'année prochaine, nous … ensemble au marathon de New York.

2. Ce week-end, je … au bord de la mer.

Solutions page 361

RÈGLE NUMÉRO 76

« quel·s », « quelle·s » ou « qu'elle » ?

… sera ta destination ?

Quelle est l'explication ?

« Quelle » en un seul mot est un **déterminant interrogatif ou exclamatif**. Certains disent adjectifs exclamatifs ou interrogatifs.

La petite astuce

Essayez de remplacer par « il ».

Dans la phrase : « **Quelle** sera ta prochaine destination ? » pouvez-vous dire : « **Qu'il** sera ta prochaine destination ? » Non.

Alors, c'est « **quelle** » en un seul mot.

Maintenant, si vous écrivez : « La destination **qu'elle** a choisie… », pouvez-vous dire : « La destination **qu'il** a choisie » ? Oui, c'est donc « qu'elle » avec l'apostrophe.

« Qu'elle » avec l'apostrophe, c'est la contraction de « que » plus « elle ».

… est la question ?

… bonne idée !

… que soit sa décision, je la suivrai.

Utilisez l'astuce. Pouvez-vous dire « qu'il est la question » ? Ou encore « qu'il bonne idée ! » ou « qu'il que soit sa décision, je la suivrai » ? Non ?

Alors vous savez que c'est « **quelle** » en un seul mot.

On s'entraîne !

CONSIGNE : Complétez les phrases suivantes.

1. … est ton dessert préféré ?
2. … que soit la météo, les Bretons sortent se promener.
3. … est agréable cette maison !

Solutions page 361

RÈGLE NUMÉRO 77

Quelle est la faute ?

Les dossiers que Mr Simon a rendus sont incomplets.

Réponse : l'abréviation de « monsieur » n'est pas « Mr. »

Nous pouvions rencontrer « Mr » dans quelques ouvrages au XVIIIe siècle, mais actuellement, seul « **M.** » est admis.

Vous écrirez donc « **M.** Simon » pour « **monsieur** Simon. »

Attention, l'abréviation ne sera pas utilisée si vous vous adressez directement à ce « monsieur Simon » dans un courrier par exemple ou dans une formule de politesse. Il faudra écrire « monsieur » en entier.

les abréviations de « messieurs » : « MM. »

« madame » : « Mme »

On s'entraîne !

CONSIGNE : Inventez et écrivez 4 phrases : avec « M. », « MM. », « Mme » et « Mmes ».

1. ______________________________

2. ______________________________

3. ______________________________

4. ______________________________

LE CONSEIL DE MADAME L'ORTHOPHONISTE !

C'est important que vous vous interrogiez, que vous cherchiez. Ainsi, lorsque je vous donne la réponse, vous la retenez plus facilement.

RÈGLE NUMÉRO 78

« a » ou « ont » ?

La plupart des gens n'… plus d'essence.

Quelle est l'explication ?

Peut-être avez-vous été tenté de mettre « a » car vous avez vu « la plupart » et vous vous êtes dit que c'est du singulier.

Réfléchissez au sens de la phrase : « La plupart des gens » représentent **plusieurs personnes**. Il faut donc accorder avec ce qui suit « la plupart ». Dans cet exemple, vous accorderez donc avec : « les gens ». C'est du pluriel, il y a plusieurs « gens ». Vous écrirez donc : « La plupart des gens n'**ont** plus d'essence. »

De la même façon, si « la plupart » n'est pas suivi d'un complément, ce dernier est quand même sous-entendu et vous écrirez « La plupart n'**ont** plus d'essence. »

On s'entraîne !

CONSIGNE : Inventez et écrivez une phrase avec « la plupart ».

ON FAIT LE POINT !

« J'(attendre) leur retour avec impatience. »

Nous avons déjà vu la règle. Souvenez-vous, c'était avec la phrase « Je prends des vacances. »

Ici, c'est la même règle : « attendre » se termine comme « prendre », par DRE.

Vous écrirez donc : « J'attends » avec un « s » à la fin.

—> « Tu attends » avec un « s » également.

—> « Il ou elle attend » au singulier avec un « d » seulement.

Tous les verbes en « DRE » à l'infinitif, comme « prendre », s'écrivent « ds » avec « je ».

Attention, s'ils se terminent par INDRE ou SOUDRE, ils « perdent » leur D comme nous l'avons vu dans la règle numéro 149.

LE CONSEIL DE MADAME L'ORTHOPHONISTE !

Faites l'effort !

Vous avez plus de connaissances que vous ne le pensez. Parfois, on ne les utilise pas systématiquement ou au bon moment car nous oublions que nous les savons. Il faut faire cet effort : aller chercher l'information bien enfouie quelque part dans les méandres de nos cerveaux.

RÈGLE NUMÉRO 79

« compréhensible » ou « compréhensif » ?

Il a écouté avec attention et a été très …

Quelle est l'explication ?

Je vous donne le contexte. Vous parlez à quelqu'un qui vous écoute avec attention et qui comprend ce que vous lui dites, qui se met à votre place. Il a de l'empathie, il est indulgent.

Dans notre exemple, vous devrez dire : « Il a écouté avec attention et a été très **compréhensif** », c'est-à-dire **tolérant**, **indulgent**. Au féminin, vous direz : « Elle a été très **compréhensive**. »

« **Compréhensible** » signifie qui est **clair**, qui **peut être compris**, qui **est intelligible**. C'est utilisé pour un texte, un discours, par exemple.

Par exemple : « Il lui a demandé de répéter car ce n'était pas compréhensible. » Il n'a pas parlé assez fort, par exemple, ou n'a pas bien articulé. Le contraire, c'est **incompréhensible**.

On s'entraîne !

CONSIGNE : Complétez les phrases suivantes.

1. Mon professeur est très … : il fait preuve d'une grande patience.

2. Son explication était claire et … : j'ai tout compris.

3. Il y a une raison … à son comportement.

4. J'ai été surpris par sa réaction … : il m'a soutenu.

Solutions page 361

RÈGLE NUMÉRO 80

« flemme » ou « flegme » ?

J'ai la … de faire ma séance de sport.

Quelle est l'explication ?

Sachez que les deux mots existent, mais n'ont pas la même signification !

Ici, vous écrirez : « J'ai la **flemme** … ». Ça signifie : « Je n'ai **pas le courage** de faire ma séance de sport. »

« **Le flegme** » signifie le calme, la placidité.

Vous direz par exemple : « **Le flegme** de cet homme m'impressionne », c'est-à-dire son sang-froid, son calme.

Vous pouvez également dire : « Il a répondu à ses injures avec **flegme** » = avec calme.

Et peut-être avez-vous déjà entendu l'expression « Le flegme britannique » ?

On s'entraîne !

CONSIGNE : Complétez les phrases suivantes avec « flegme » ou « flemme ».

1. Il a fait face à cette situation stressante avec beaucoup de … Il n'a pas du tout paniqué.

2. J'ai … de me lever le matin. Heureusement, c'est bientôt les vacances !

Solutions page 361

RÈGLE NUMÉRO 81

« pertinemment », « pertinamment » ou « pertinament » ?

Tu sais… qu'il a raison.

Quelle est l'explication ?

Ça signifie : « Tu sais **parfaitement** qu'il a raison. »

Ce mot apporte une précision sur le verbe (ici, sur « savoir »). C'est ce qu'on appelle un **adverbe**. Tous les adverbes dont l'adjectif correspondant se termine par « en » vont doubler le « m ».

« Pertine**mm**ent » est dérivé de « pertinent » (l'adjectif).

On entend « en » dans « pertinent », on sait donc qu'il y a deux « m » à « pertine**mm**ent » et on garde la même racine, c'est-à-dire qu'on garde le « e » de « pertin**e**nt » dans « perti**n**emment », même si on entend A.

« Méch**ant** » se termine par « ant », on doublera donc le « m » à « mécha**mm**ent » et on garde le « a » de « méch**a**nt » dans « méch**a**mment ».

« Viol**ent** », on entend « en » donc deux « m » à « viole**mm**ent », on garde le « e » de « viol**e**nt » dans « viol**e**mment ».

« Intellig**ent** », même principe → « intellig**e**mment »

« Fréqu**e**nt » donnera « fréqu**e**mment » avec deux « m » et on garde le « e » que l'on trouve dans « fréquent ».

Enfin, « cour**a**nt » donnera « cour**am**ment ».

On s'entraîne !

CONSIGNE : Complétez les phrases suivantes avec la bonne forme.

1. Il a répondu … à ses provocations. (dérivé de intelligent)

2. Je l'ai rencontré … mais nous ne nous quittons plus ! (dérivé de récent)

3. Il s'est comporté … toute la soirée. (dérivé de galant)

4. Je fais … le point sur les règles d'orthographe apprises. (dérivé de régulier)

Solutions page 361

RÈGLE NUMÉRO 82

« arrivé » ou « arrivées » ?

On est … en retard cet après-midi.

Quelle est l'explication ?

Je vous donne le contexte : je parle de ma sœur et de moi-même. Nous sommes deux femmes.

Je vous laisse quelques instants pour réfléchir à l'orthographe de « arriver ».

Si « on » est clairement identifié, c'est-à-dire que je sais précisément de qui on parle, mieux vaut accorder « arrivé » avec le « on ». Ici, je pourrais dire « nous sommes arriv**ées** » (ma sœur et moi). Comme nous sommes deux femmes, je mets la marque du féminin et du pluriel à « arrivé » : le E et le S → « arriv**ées** ».

Si vous avez un doute, écrivez : « Nous sommes arriv**ées**. » C'est d'ailleurs préférable à l'écrit.

De la même façon, si je parle toujours de ma sœur et de moi-même, j'écrirai : « On est conten**tes**. »

Vous dites bien : « On est surpris**es** » et non « on est surpris » si vous êtes deux femmes. Et là l'accord vous semble plus évident !

Si « on » est indéfini, c'est-à-dire que je parle de l'Homme, de l'être humain en général, alors il n'y a pas d'accord → « arriv**é** ».

Vous écrirez, par exemple : « On n'est jamais sû**r** de rien » sans S à « sûr » car « on » a une valeur générale.

On s'entraîne !

CONSIGNE : Complétez les phrases suivantes selon le contexte défini.

1. contexte : deux femmes

On est … tard hier soir mais nous avons passé une excellente soirée. (rentrer)

2. contexte : un groupe d'hommes et de femmes

On est … sur de vieilles photos et nous avons beaucoup ri. (tomber)

3. contexte : deux hommes

On est … au cinéma samedi dernier et je me suis endormi. (aller)

4. On est responsable/responsables des conséquences de nos actes.

Solutions page 362

« en tout cas » ou « en tous cas » ?

En … cas, une chose est sûre, je viendrai vous voir.

Quelle est l'explication ?

Peut-être, vous êtes-vous déjà posé la question au moment de l'écrire. Avec un T ou un S ?

« En **tout** cas » signifie « **quoi qu'il en soit** », « **de toute façon** ».

Première chose à préciser : c'est une locution qui appartient au registre familier.

Sachez que les deux orthographes sont possibles avec une petite nuance, cependant.

« En **tout** cas » avec un T signifie « dans **n'importe** quel cas ».

Le contraire, c'est « en **aucun cas** ».

La petite astuce

« Aucu**n** » est sans S, « tou**t** » sans S également.

Dans l'exemple donné ici, il vaut mieux donc écrire : « Tou**t** » avec un T, car ça signifie plutôt « dans n'importe quel cas ».

« En tou**s** cas », avec un S à « tous » signifie « dans **tous les cas** ».

Il y a plusieurs cas possibles.

Par exemple : « Je ne sais pas quelle tenue tu choisiras, en tou**s** cas, tu seras magnifique. »

Il y a plusieurs tenues possibles, donc « tou**s** ».

Quoi qu'il en soit, les deux sont acceptés.

À l'usage, vous verrez plus souvent « Tou**t** » avec un T.

RÈGLE NUMÉRO 84

« C'est un poisson dulcaquicole »

Quelle est la faute d'orthographe dans cette phrase ?

Quelle est l'explication ?

Si vous la trouvez, vous êtes vraiment très fort. Je vous donne un indice. La faute est dans le dernier mot et il se prononce « dul**ssssss**aquicol ».

Le mot m'a fait sourire, mais il va surtout me permettre de vous expliquer la règle de la cédille.

Quand la mettre sous le C ?

Avant de tout vous expliquer, petite pause « vocabulaire » :

Un poisson dulçaquicole est un poisson qui vit dans les eaux douces.

La lettre C peut faire deux sons, le son K ou le son S.

Elle fera le son K devant un A, un O, un U ou une consonne.

Le C se prononce SSS devant E, I et Y.

Si vous voulez qu'elle fasse le son S devant A, O, U, il faudra mettre une cédille, mais jamais de cédille devant E, I et Y.

N'oubliez donc pas la cédille à « le**ç**on », sinon ça fait « le con » et ce n'est pas la même chose… Une cédille également à « aper**ç**u ».

Il faudra mettre une cédille aux majuscules comme ici dans « **Ça va** ».

Le « c » était suivi d'un « o » d'un « u » et d'un « a » dans ces trois exemples.

On s'entraîne !

CONSIGNE : Entourez le bon mot.

1. Je n'ai pas eu de recu / reçu et je ne peux donc pas me faire rembourser.

2. Je l'ai apercu / aperçu lors de la soirée mais je ne lui ai pas dit « Bonjour ».

3. Le francais / français est une langue riche.

4. Ce professeur a joué un rôle crucial / cruçial dans mon orientation professionnelle.

5. Il réalise des cascades / casçades impressionnantes dans ses films.

Solutions page 362

LE CONSEIL DE MADAME L'ORTHOPHONISTE !

Soyez curieux !

Pour améliorer votre orthographe, votre vocabulaire et votre maîtrise de la langue française, cultivez votre curiosité ! Lorsque vous rencontrez un doute concernant l'orthographe d'un mot ou sa signification, Internet, les livres, le dictionnaire et votre entourage peuvent vous offrir de précieuses ressources. En vous impliquant activement, en cherchant l'information, vous verrez votre niveau s'améliorer progressivement.

Et c'est valable pour tous les apprentissages.

RÈGLE NUMÉRO 85

« cent » ou « cents » ?

Il n'y a que deux-...-cinquante habitants dans ce petit village.

Quelle est l'explication ?

Quelle est cette règle ? Je vous explique tout.

100 s'accordera **uniquement** s'il est multiplié et qu'il n'est pas suivi par un autre numéral (un nombre ou un chiffre pour simplifier).

Par exemple, 200 → c'est bien 2 multiplié par 100 (2 × 100).

100 n'est pas suivi par un autre nombre. Vous mettrez donc un S → « deux cent**s** ».

Dans notre premier exemple « 250 », 100 est bien multiplié par 2, mais il est suivi de 50.

Alors on n'accorde pas → pas de S à « cen**t** ».

Vous devrez donc écrire : « Il y **deux-cent-cinquante** habitants dans ce petit village. »

Pour résumer, les deux conditions pour accorder 100 sont les suivantes :

- Il doit être multiplié ;
- Il ne doit pas être suivi par un autre chiffre/nombre.

Attention, si 100 signifie « **centième** », même s'il est multiplié et qu'il n'est pas suivi par un autre numéral, vous n'accordez pas.

Par exemple, vous écrirez : « c'est la page trois cen**t** » sans S à « cent » car c'est la 300ᵉ page.

La petite info en +

La réforme de l'orthographe de 1990 indique qu'il est préférable de mettre des traits d'union entre tous les chiffres. Au moins une simplification !

On s'entraîne !

CONSIGNE : Entourez le bon mot.

1. J'ai fait les cent / cents pas en les attendant.

2. Ce canapé coûte deux-mille-huit-cent / cents euros.

3. Je me suis arrêté à la page deux-cent / cents.

Solutions page 362

RÈGLE NUMÉRO 86

« quatre-vingt » ou « quatre-vingts » ?

Ces chaussures qu'il a tant aimées coûtaient 80 euros il y a dix ans.

Quelle est l'explication ?

Nous avons vu quand accorder « cent ».

Nous allons voir quand mettre un S à « vingt ».

Bonne nouvelle, c'est la même règle que pour « cent ».

Dans cette phrase, il faut bien mettre un S à 20 dans 80 € : « … quatre-vingt**s** euros ».

Pour accorder 20, 20 doit être multiplié et il ne doit pas être suivi d'un autre numéral.

Dans l'exemple proposé, 80, c'est bien 4 fois 20 : 20 est multiplié et il n'y a pas de nombre ou de chiffre après 20. Vous écrirez donc « Ces chaussures qu'il a tant aimées coûtaient quatre-vingt**s** euros il y a dix ans. »

Dans « quatre-ving**t**-un », « vingt » n'a pas de S : il est bien multiplié **mais** il est suivi du chiffre 1. Les deux conditions pour accorder ne sont pas remplies.

Si 20 signifie 20e alors il ne s'accorde pas.

Par exemple : « Il s'est arrêté à la page quatre-ving**t** » → « ving**t** » sans S car c'est, la 80e page.

Si vous avez un doute, vous pouvez toujours l'écrire en chiffres !

On s'entraîne !

CONSIGNE : Entourez la bonne réponse.

1. Il roulait à quatre-vingt / vingts km/h.

2. Il roulait à vingt / vingts km/h.

3. Il roulait à quatre-vingt-un / vingts-un km/h.

Solutions page 362

RÈGLE NUMÉRO 87

« ce » ou « se » ?

… sont les meilleurs chocolats !

Quelle est l'explication ?

Vous pensez peut-être qu'il faut mettre « se » car il y a « sont » (donc un verbe) juste après.

Alors oui, « se », avec un S, est toujours suivi d'un verbe, **mais** ça ne veut pas dire que « ce » avec un C ne peut pas être suivi d'un verbe. Vous voyez un peu la nuance ?

Ici, dans cette phrase, vous devez écrire « **ce** » avec un C.

➡ « **Ce** sont les meilleurs chocolats. » « **Ce** » signifie « **ceux-là** » précisément. Ce sont ces chocolats et pas d'autres !

« Ce » est un démonstratif. Il y a la notion de **montrer**, de **désigner** quelque chose.

La petite astuce

On peut imaginer dessiner une flèche dans le C pour montrer, désigner.

C'est un petit moyen mnémotechnique.

Autres exemples :

➡ « **Ce** sera le clou du spectacle. » → « Ce » car vous pourriez dire « **cela** sera le clou du spectacle ».

➡ « **Ce** pantalon est beau » → « c'est **celui-ci** et pas un autre. »

« **se** » est toujours devant un verbe comme « **se** coucher », « **se** regarder ».

Deuxième astuce

Vous pouvez remplacer « se » par « me ». « Il **se** couche » : vous pouvez dire « Je **me** couche. »

Reprenons le dernier exemple : « **Ce** pantalon est beau. » Pouvez-vous dire : « Me pantalon est beau » ? Non, alors ce n'est pas « se », mais « **ce** ».

On s'entraîne !

CONSIGNE : Complétez les phrases suivantes avec « se » ou « ce ».

1. … sont des hêtres et des peupliers qui bordent l'allée.

2. C'est … dont j'ai toujours rêvé.

3. Il ne … brosse jamais les dents et a des caries.

Solutions page 362

LE CONSEIL DE MADAME L'ORTHOPHONISTE !

Trouvez des moyens mnémotechniques !

Je vous propose régulièrement des astuces pour mémoriser. Vous pouvez appliquer cette technique aussi souvent que nécessaire. Vous retiendrez encore plus facilement !

PAUSE ORTHO'

« merci de » ou « merci pour » ?

Merci de votre aide ou merci pour votre aide ?

Une de ces formules est-elle fausse ? Non, une bonne fois pour toutes, tranchons, vous pouvez dire les deux !

Si vous voulez être un peu plus précis, il y a quelques nuances.

Certains diront que « merci **de** », suivi d'un nom, sera à privilégier dans un langage plus soutenu, dans le cadre professionnel, par exemple.

D'autres précisent qu'il est préférable d'utiliser « Merci **de** » lorsqu'il y a un nom abstrait ensuite. Par exemple : « Merci **de** votre aide, merci **de** votre compréhension ou encore merci **de** votre gentillesse » : « aide », « compréhension » et « gentillesse » sont des notions abstraites.

On observe que « Merci **pour** » est maintenant très répandu et couramment utilisé.

« Merci **pour** » sera également plus souvent utilisé devant des noms concrets, c'est-à-dire que vous pouvez percevoir par les sens, donc la vue, le toucher…

Vous direz plutôt : « merci **pour** les fleurs ».

« Merci **pour** » est également plus employé pour introduire une action passée.

Par exemple, vous préférerez : « Merci **pour** votre attention » quand quelqu'un a écouté attentivement ce que vous disiez.

Conclusion : les deux formules sont correctes, même s'il y a quelques nuances. Vous ne ferez pas d'erreur en utilisant l'une ou l'autre.

Même l'Académie française n'a pas tranché.

Je vous dis donc merci de ou pour votre attention !

On s'entraîne !

CONSIGNE : Imaginez une situation où vous pourriez être amené à l'écrire ces jours-ci.

RÈGLE NUMÉRO 88

« se souvenir » ou « se rappeler » ?

Je me … très bien de ce client désagréable !

Quelle est l'explication ?

Ici vous écrirez « je me **souviens** … » Pourquoi ?

Vous dites bien : « Il se souvient **de** qui » ? et non pas : « Il se souvient qui » ?

Vous retrouvez le « **de** » dans : « Je me **souviens** très bien **de** ce client désagréable. »

Contrairement à « se souvenir », « se rappeler », se construit avec un complément d'objet direct. On entend bien le mot « direct ». C'est-à-dire qu'entre « se rappeler » et son complément, il n'y a pas de petit mot qui vient s'intercaler.

Vous poserez donc la question « Se rappeler **qui** ? » ou « se rappeler **quoi ?** »

Si nous reprenons notre exemple, vous direz : « Je me rappelle qui ? » → Je me rappelle ce client désagréable. Il n'y a pas le « de ».

La petite astuce

Si vous doutez, utilisez la phrase « Il se souvient **de** lui. »

C'est assez évident ici, vous ne dites pas : « Il se souvient lui » ? Non ! Vous dites : « Il se souvient **de** lui. » Vous savez donc que c'est « Se souvenir **de** quelque chose ou de quelqu'un » et « Se rappeler quelque chose ou quelqu'un ».

La petite info en +

L'usage correct serait de dire « Je me le rappelle » si « le » représente tout sauf un être humain (un événement, un animal…).

Si vous parlez d'une personne, « Je me rappelle de lui » / « Je me rappelle d'elle » est possible.

On s'entraîne !

CONSIGNE : Complétez les phrases suivantes par « se souvenir » ou « se rappeler ».

1. Je me … de notre première rencontre avec nostalgie.

2. Je me … être venu dans cet endroit quand j'étais enfant.

Solutions page 362

RÈGLE NUMÉRO 89

« convainquant » ou « convaincant » ?

Son discours est…

Quelle est l'explication ?

Quelle est la faute d'orthographe dans cette phrase ?

Je vous laisse quelques instants pour chercher.

« convain**c**ant », « convain**qu**ant » peut s'écrire de deux façons différentes selon sa nature grammaticale.

Vous devrez écrire « convain**qu**ant » lorsqu'il s'agit d'un **participe présent**. Il va décrire une action, il est invariable, c'est-à-dire qu'il ne se mettra ni au féminin ni au pluriel.

Vous le verrez souvent accompagné de « en ».

Par exemple, vous écrirez : « En le convain**qu**ant de venir, j'ai accompli un exploit », c'est-à-dire **en faisant l'action de** le convaincre.

« Convain**c**ant » avec un « c » est un adjectif, il se rattache à un nom et il peut être mis au féminin avec un « e ».

Dans notre phrase : « Son discours est convain**c**ant », « convain**c**ant » « est » donc un adjectif (il est rattaché au mot « discours ») et doit s'écrire avec un « c ».

Faites le test ! Si vous pouvez le dire au féminin, c'est qu'il faut écrire « convain**c**ant » avec un « c ». Ici, vous ne pouvez pas dire : « En le convaincant**e** de venir ». Non ! alors c'est « convain**qu**ant ».

> **La petite info en +**
>
> C'est la même règle avec communi**c**ant/communi**qu**ant.

On s'entraîne !

CONSIGNE : Entourez la bonne réponse.

1. Il a été convaincant / convainquant et j'ai accepté.

2. C'est un bon communicant / communiquant, il désamorce de nombreux conflits.

3. En communicant / communiquant davantage, tu aurais évité ce quiproquo.

4. En le convaincant / convainquant de l'utilité de son projet, il a réussi à les faire adhérer à l'association.

Solutions page 363

RÈGLE NUMÉRO 90

Quelle est la faute ?

« Ne t'inquiètes pas, je viendrai demain ».

Quelle est l'explication ?

Avant de regarder les explications suivantes, interrogez-vous.

Je vous donne quand même un petit indice.

Il ne fallait pas mettre de S à « inquièt**e** ».

Certains se sont peut-être dit que c'est : « Tu ne t'inquiète**s** pas » qui est sous-entendu et on nous l'a souvent rabâché avec « tu », il faut mettre un « s ». Eh bien pas toujours !

Ici, nous avons une phrase à l'impératif. L'impératif sert à exprimer **un ordre**, **un conseil**. Nous le reconnaissons car il y a un effacement du « tu » dans cet exemple.

Vous ne mettrez pas de « s » à l'impératif avec « tu » si le verbe se termine par un « a » ou un « e » .

- « T'inquièt**e** » se termine par un E, donc pas de S.
- « **Va** te coucher », « va » se termine par un A, donc pas de S.
- « Mang**e** ta soupe » un E, donc pas de S.
- « Achèt**e**-le » pas de S non plus.

Attention ! Il est nécessaire de mettre un S à « prend**s**-le » et « descend**s**-le » car ils ne se terminent ni par « a » ni par « e ».

Exception ! Eh oui, il y en a toujours… mais elle est logique.

➡ S'il y a une liaison, vous mettez le « s » car vous l'entendez ce S, alors il faut le mettre !

➡ « Va**s**-y ! Achète**s**-en ! »

On s'entraîne !

CONSIGNE : Complétez les phrases suivantes avec la bonne forme du verbe entre parenthèses.

1. … ta chambre avant de sortir ! (Ranger)
2. …-toi, tu es déjà en retard. (Réveiller)
3. … ton temps avant de répondre. (Prendre)
4. … chercher ton sac, nous partons en week-end. (Aller)
5. Les légumes du jardin sont délicieux. …-en ! (Manger)
6. …-moi quand tu auras cinq minutes. (Appeler)
7. Ne … pas, je rentrerai en taxi. (S'inquiéter)

Solutions page 363

LE CONSEIL DE MADAME L'ORTHOPHONISTE !

Utilisez les correcteurs d'orthographe mais attention ! Ils ne corrigent pas tout et il y en a de meilleurs que d'autres. Méfiez-vous de ceux intégrés à votre boîte mail.

Voici trois correcteurs plus performants :

- Merci App
- Antidote
- Scribens

RÈGLE NUMÉRO 91

Avec « tu », il y a toujours un « s »

Est-ce que c'est **toujours** vrai ?

Quelle est l'explication ?

Vous avez déjà certainement entendu cette phrase.

C'est presque vrai ! Quels que soient le temps et le verbe, vous mettrez un S quand celui qui fait l'action c'est « **tu** ».

« Tu → e**s** »

→ mange**s**

→ va**s**

→ pourra**s**

→ prend**s**

→ jouai**s**

→ a**s**

sauf pour : « tu vau**x** », « tu peu**x** », « tu veu**x** ».

Une dernière exception : je vous invite à la retrouver règle numéro 90.

PAUSE ORTHO'

Une liste de mots souvent déformés

On entend souvent je suis « aba**SSSSS**ourdi. » mais il faut dire « je suis aba**s**ourdi » en prononçant le S comme un Z.

Le S entre deux voyelles se prononce /Z/. Ici, il est entre un A et un O.

On ne dit pas : « Il a été correctement **rénuméré** pour ce travail », mais « ré**mun**éré » !

La petite astuce

Le M est avant le N dans l'alphabet. Il l'est également dans ce mot : « ré**m**u**n**éré ».

Vous direz : « Les a**b**origènes sont connus pour leurs aptitudes de survie dans la nature. »

« A**b**origène » signifie littéralement « **de** l'origine ».

Si vous parlez de problèmes d'argent, vous direz : « Il a des problèmes **pécuniaires.** »

Ce mot vient du latin *pecunia* = l'argent.

Le IA de « pecun**ia** » se retrouve dans « pécun**ia**ire ».

De la même façon, vous direz : « un surveillant **pénitentiaire** » pour parler d'un gardien de prison.

RÈGLE NUMÉRO 92

« public » ou « publique » ?

Ce chèque est libellé à l'ordre du Trésor…

Quelle est l'explication ?

« Public » s'écrira avec un C lorsqu'il se rapporte à un nom masculin.

Par exemple : « Un intérêt publi**c** » → « intérêt » est bien masculin (on dit **un** intérêt) donc « publi**c** » s'écrira avec un C. C'est également le cas dans notre exemple. On dit bien : « **un** trésor », c'est masculin, donc « publi**c** » avec un C.

« Publi**que** » : vous écrirez « publi**que** » s'il se rapporte à un mot **féminin**.

Par exemple : « une école publi**que** », c'est bien l'école qui est publi**que**. « Publi**que** » se rapporte au mot école qui est féminin (on dit bien **une** école) donc « publi**que** ».

« Publi**c** » : vous écrirez toujours « publi**c** » avec un C lorsque vous parlez du public, c'est-à-dire des spectateurs.

La petite astuce

« Le public applaudit. » Vous pourriez remplacer par : « Les **spectateurs** applaudissent. »

On s'entraîne !

CONSIGNE : Complétez les phrases suivantes par « public » ou « publique ».

1. Le … semblait ravi à la fin du concert et a applaudi pendant de nombreuses minutes.

2. Elle est bon …

3. Ils aiment se retrouver au jardin … et discuter pendant des heures assis sur un banc.

4. Les ressources … de cette bibliothèque sont infinies. Tu devrais en profiter.

Solutions page 363

RÈGLE NUMÉRO 93

Est-ce que tout est correct dans cette phrase ?

« Claude a des vaches noir et blanc ».

Quelle est l'explication ?

L'orthographe ne sert pas à « rien » ! Elle permettra souvent de lever le doute et de comprendre plus finement un texte, de relever des subtilités de sens !

Dans l'exemple ci-dessus, oui tout est correct.

Ici, nous avons un bel exemple de subtilité de sens mise en évidence grâce à l'orthographe. Vous vous êtes certainement dit : Non, il faut écrire : « Il a des vaches blanches et noires. »

Les deux sont possibles ! Mais les deux phrases n'auront alors pas le même sens.

➡ « Il a des vaches noir et blanc » signifie qu'il a des vaches avec du blanc et du noir, c'est-à-dire que chaque vache **a deux couleurs**. Alors, vous n'accordez pas blanc et noir.

Mais si vous dites : « Il a des vaches **blanches et noires** », ça signifie qu'il a des vaches blanches **et** des vaches noires. Autrement dit, des vaches qui sont **entièrement blanches** et des vaches qui sont **entièrement noires**. Le sens n'est pas le même que dans la première phrase.

L'accord de « blanch**es** et de noir**es** » vous permet de mettre en avant cette nuance.

De la même façon : « Les guirlandes sont **rouges/rouge** et **dorées/doré**. »

Si vous voulez dire que chaque guirlande a du rouge et du doré, alors vous n'accordez pas « roug**e** et dor**é** » avec « guirlande ». Vous écrivez : « Les guirlandes sont roug**e** et dor**é**. »

Si maintenant vous voulez dire qu'il y a des guirlandes entièrement roug**es** et des guirlandes entièrement dor**ées**, alors vous accordez et vous écrivez : « Les guirlandes sont roug**es** et dor**ées**. »

On s'entraîne !

CONSIGNE : Choisissez le bon mot.

1. Les dalmatiens sont blanc / blancs et noir / noirs.

2. Les marguerites sont jaune / jaunes et blanc / blanches.

3. Les rideaux du salon sont beige / beiges et doré / dorés.

Solutions page 363

RÈGLE NUMÉRO 94

« bleu foncé » ou « bleus foncés » ?

Elle a les yeux…

Quelle est l'explication ?

Si les deux mots utilisés qualifient une même couleur, comme c'est le cas ici, alors c'est invariable : pas de S à « ble**u** » ni à « fonc**é** ».

De la même façon, si ces deux mots sont deux couleurs, vous ne mettez pas de S aux deux couleurs. Par exemple, vous écrirez : « Elle a les yeux ble**u**-ver**t**. » Pas de S à « ble**u** » ni à « ver**t** ». N'oubliez pas le trait d'union entre les deux couleurs.

On s'entraîne !

CONSIGNE : Vérifiez si les phrases suivantes sont correctement orthographiées et corrigez si nécessaire.

1. En Nouvelle-Calédonie, l'eau est bleu turquoise.

2. Elle a choisi des rideaux jaunes pâles.

Solutions page 364

RÈGLE NUMÉRO 95

« viendrai » ou « viendrais » ?

Si tu es toujours d'accord,
je… demain.

Quelle est l'explication ?

AI ou AIS ? Vous m'avez souvent posé cette question !

Dans certaines phrases, c'est plus ambigu comme dans cet exemple.

Le piège : le « **si** ».

On entend souvent que « si » indique une condition, donc il faut mettre du conditionnel. Mais ce n'est pas aussi simple.

Si la première partie de la phrase est au présent comme ici : « si tu es », alors la deuxième partie sera au futur. Dans notre exemple, vous écrirez donc : « Si tu es toujours d'accord, je viendr**ai** demain. »

La petite astuce !

Remplacez « tu » par « nous » et là, vous entendrez bien la différence.

➡ « Si tu es toujours d'accord, **nous** viendr**ons** demain. »
➡ C'est bien du futur, vous savez donc qu'il faut écrire : « Si tu es toujours d'accord, je viendr**ai** demain. » AI au futur.

Autre exemple :

➡ « Si tu étais moins arrogant, je t'apprécierais. »

« L'apprécier » est ici quasi improbable. C'est bien du conditionnel.

Dans la première partie de votre phrase, vous avez de l'imparfait. Alors, dans la deuxième partie, vous aurez du conditionnel.

En utilisant l'astuce, vous diriez : « Si tu étais moins arrogant, **nous** t'apprécier**ions**. » Et non : « nous t'apprécier**ons**. »

Deuxième astuce !

Comment savoir que le AI, c'est le futur ? et le AIS, le conditionnel ?

« **Futur** », c'est le mot le plus court, donc la terminaison la plus courte **AI**.

« **conditionnel** » est le mot le plus long donc c'est la terminaison la plus longue **AIS**.

On s'entraîne !

CONSIGNE : Complétez les phrases suivantes avec la bonne terminaison des verbes entre parenthèses.

1. Si j'arrive à terminer ce dossier, je … te rejoindre pour le week-end. (Pouvoir)

2. Si j'arrivais à terminer ce dossier, je … te rejoindre pour le week-end. (Pouvoir)

3. Je … que tu m'accompagnes chez ce client. (Souhaiter)

4. Demain, je lui … un bon anniversaire ! (Souhaiter)

Solutions page 364

RÈGLE NUMÉRO 96

« appelle » ou « appelles » ?

Je t'… demain.

Quelle est l'explication ?

Quand le mot qui présente une action (verbe) se termine par ER comme « appel**er** », il n'y a pas de S avec « je ».

Vous écrirez donc : « Je t'appell**e** demain. »

La petite info en +

Le mot « demain » indique une **action future**. Mais si vous parlez d'une action future planifiée ou d'une intention, il est possible d'utiliser du présent comme ici « Je t'appel**le** » avec le mot « demain ».

Rappel : l'infinitif, c'est la forme « endormie » du verbe, c'est-à-dire telle que vous le trouvez dans le dictionnaire.

Voici les terminaisons au présent des verbes dont l'infinitif est -ER comme « appeler ».

→ J'appell**e**

→ Tu appell**es**

→ Il ou elle appell**e**

→ Nous appel**ons**

→ Vous appel**ez**

→ Ils ou elles appell**ent**

Attention, nous appe**l**ons et vous appe**l**ez avec un seul « l » car nous n'entendons pas le son « è ». Les deux L à « appe**ll**e » permettent de faire le son « è » sans accent sur le E.

Voici un autre exemple : « Je mang**e** » avec un e seulement, c'est bien le verbe manger à l'infinitif, donc en « er ».

On s'entraîne !

CONSIGNE : Complétez les phrases suivantes avec la bonne terminaison du verbe entre parenthèses.

1. Tu es très créatif, j'… ton talent. (admirer)

2. Tu … de mieux en mieux. (danser)

3. Nous …… à ce que tu t'y sentes bien. (veiller)

Solutions page 364

LE CONSEIL DE MADAME L'ORTHOPHONISTE !

Appliquez !

Dès que possible, mettez en application ce que vous avez appris. Nous sommes chaque jour amenés à écrire. Lorsque vous rédigez un texto par exemple, essayez de faire du lien avec ce que vous avez appris.

« événement » ou « évènement » ?

J'ai assisté à un ... organisé par ses parents.

Quelle est l'explication ?

Ce mot peut faire débat. Accent aigu ou grave ? é ou è ?

Les deux sont désormais acceptés.

À l'origine, « év**é**nement » s'écrivait ainsi.

Il y a eu une première réforme où l'accent aigu s'est transformé en accent grave, car devant une syllabe avec un E muet, on prononce « ai » et non « é ».

Dans le « ne » de « évé**ne**ment », le « e » est bien muet, on dit « évè**nm**ent » : on n'entend pas le « e ». On met alors un accent grave à « év**è**nement » pour faciliter la prononciation.

L'Académie française préconise aujourd'hui l'accent grave, mais les deux sont possibles.

On s'entraîne !

CONSIGNE : Écrivez une phrase avec ce mot.

RÈGLE NUMÉRO 98

Quelle est la faute dans cette phrase ?

« Je préfère vous appelez demain matin. »

Quelle est l'explication ?

Si je n'avais qu'un seul conseil à vous donner : concentrez-vous sur le sens de votre phrase lorsque vous écrivez.

Ici, vous ne devez pas écrire « appele**z** ».

Peut-être avez-vous vu le « vous » devant et machinalement, vous vous êtes dit : avec « vous », c'est « EZ ». Mais c'est uniquement le cas lorsque « vous » est le sujet du verbe, c'est-à-dire que le « vous » fait l'action. Ici, ce n'est pas le VOUS qui fait l'action d'appeler.

Si vous tournez votre phrase différemment, cette phrase signifie : « Je préfère appel**er** vous demain matin. » Celui qui va appeler, c'est bien « je ». Le « vous » est ici l'objet de l'action. Il n'est pas le sujet d'un verbe conjugué.

La petite astuce

« Appel**er** » / « appel**ez** » se prononcent de la même façon, d'où la difficulté. Il faut donc essayer de le remplacer par un autre verbe dans lequel on entend cette différence. Essayons avec le verbe « vendre ».

Ici, direz-vous : « Je préfère vend**ez** ou vend**re** demain matin » ?

Vous direz : « Je préfère vend**re** » qui est à l'infinitif, donc « appeler » sera aussi à l'infinitif « er ».

On s'entraîne !

CONSIGNE : Complétez les phrases suivantes avec la bonne terminaison du verbe entre parenthèses.

1. Il ne veut pas vous … car il ne vous fait plus confiance. (Écouter)

2. Vous … à quelle heure demain matin ? (Arriver)

3. Si je devais … cette bague, je ferais appel à un joaillier. (estimer)

Solutions page 364

PAUSE ORTHO'

Tu vas me ficher la paix.

Savez-vous ce que ça signifie ?

Je précise que c'est une phrase qui appartient au registre familier. Mais « ficher » est bien correct ici. Vous pouvez dire : « Tu vas me fich**er** la paix » ou « Tu vas me fich**e** la paix ». Les deux sont possibles.

À l'infinitif (c'est la forme endormie du verbe, tel que vous le trouvez dans le dictionnaire), « se ficher » existe et « se fiche » également, ce qui est plus étonnant car il se termine par « e ». D'où le doute en l'utilisant.

Voici quelques exemples de phrases où vous pouvez l'utiliser. Elles appartiennent toutes au langage familier.

→ « Je n'ai rien fichu aujourd'hui. » = « Je n'ai rien fait. »

→ « Il n'est pas fichu d'être à l'heure. » = « Il n'est pas capable d'être à l'heure. »

Ou encore → « Je m'en fiche. » = « Ça m'est égal. »

LE CONSEIL DE MADAME L'ORTHOPHONISTE !

On le sait mais parfois on l'oublie !

Vous voulez envoyer un e-mail sans fautes d'orthographe. Je vous donne l'ultime technique pour en éliminer au moins 50 % en quelques minutes seulement.

Et vous la connaissez cette technique, seulement vous l'oubliez, vous êtes trop pressé. Il y en a même deux en réalité. Je ne fais pas durer le suspense plus longtemps.

Première technique, **relisez-vous.**

Deuxième technique, **ne vous précipitez pas.**

Ça semble être du bon sens dit ainsi, mais je pense que ce rappel ne va pas faire de mal. Très souvent, vous ne vous relisez pas et vous laissez passer les classiques fautes de frappe et des erreurs dues à l'inattention. Vous connaissez certaines règles, mais parfois, il peut être difficile de les appliquer automatiquement en écrivant. Vous serez capable de vous corriger... en vous relisant !

Il y a souvent de la précipitation également. Je sais bien comment ça se passe. Nous sommes tous un peu les mêmes. Nous faisons deux choses en même temps. Nous voulons aller vite et voilà, l'e-mail est envoyé et les fautes qui vont avec. Certains se reconnaîtront, je pense.

Prenez quelques minutes pour vous relire.

Soyez attentif lorsque vous écrivez un e-mail. Ne faites pas deux choses à la fois et déjà, vous verrez, je suis certaine que vous pourrez éliminer une grande partie de vos fautes d'orthographe.

RÈGLE NUMÉRO 99

« fin » ou « faim »

Je reste sur ma …

Quelle est l'explication ?

« Je reste sur **ma faim** », signifie que vous êtes déçu alors que vous espériez beaucoup. Comme il y a une **notion de finalité**, de **terminer quelque chose**, comme ici dans cette phrase, peut-être avez-vous déjà pensé que « faim » s'écrit « fin ». Mais ce n'est pas le cas. Vous écrirez : « Je reste sur ma **faim**. »

Je vous explique l'origine de cette expression, ça vous aidera à mieux retenir son orthographe. C'est une expression du Moyen Âge, période pendant laquelle de grands festins étaient organisés. Si les nobles ressortaient de table en ayant très faim, alors le banquet était considéré comme un échec.

Avec le mot « **faim** », vous retrouvez également les expressions suivantes :

- « avoir **une faim** de loup » qui signifie « avoir très faim ».
- « **donner faim** ». Par exemple : « Cette odeur **me donne faim**. » Ça signifie que ça aiguise votre appétit.

➔ « Crever de **faim** », expression argotique qui signifie également « **avoir très faim** ».

Mais attention, vous écrirez : « La **fin** justifie les moyens » qui signifie que l'on est prêt à utiliser tous les moyens pour atteindre ses fins, ses objectifs.

« Fin » renvoie à la **notion de finalité**.

On s'entraîne !

CONSIGNE : Imaginez et écrivez une phrase avec l'expression « rester sur sa faim ».

RÈGLE NUMÉRO 100

« cours », « cour », « courre » ou « court »

Il donne un … de français.

Comment les différencier ?

Je vous explique les différentes façons d'écrire ce mot et leurs significations.

Puis je vous donnerai des exemples d'utilisations fréquentes.

Dans notre premier exemple, il faut mettre un S à « cour**s** de français », même s'il n'y en a qu'un. « Un cour**s** de français », « des cour**s** de français », c'est avec un S.

« Un cour**s** », c'est un enseignement. C'est également un écoulement d'eau.

Vous écrirez : « Il y a un cour**s** d'eau près de chez moi », une petite rivière.

Vous écrirez également « je cour**s** » ou « tu cour**s** » avec un S (c'est le verbe « courir »).

« Une cou**r** », c'est l'endroit où le roi vit ou c'est également son entourage.

C'est aussi un espace découvert qui dépend d'un bâtiment, « la cou**r** d'un immeuble ».

« Cou**rre** » avec deux R et un E, c'est une technique de chasse avec des chiens et à cheval.

« Cou**rt** » avec un T, c'est le contraire de « long ». Il y a un T car vous dites : « cour**te** » au féminin.

C'est également « il cou**rt** » du verbe courir.

Attention !

« J'ai pu mettre en pratique mes cour**s** de tennis sur un des cour**ts** de tennis de Roland-Garros ».

On s'entraîne !

CONSIGNE : Complétez les phrases suivantes avec « cours », « court », « courre ».

1. Je suis en retard pour mon … de piano.
2. La chasse à … est une pratique traditionnelle de chasse.
3. Je te retrouverai sur le … de tennis après les …

Solutions page 364

RÈGLE NUMÉRO 101

« a » ou « ont »

Plus d'un acteur … déjà fait du théâtre.

Quelle est l'explication ?

Cherchez quelques instants : ça vous permettra de mieux retenir ce qui sera expliqué ensuite !

Quand on écrit « plus d'un acteur », on se dit qu'il y a plusieurs acteurs, on est donc tenté de mettre du pluriel après « plus d'un acteur », mais ce n'est pas correct.

Après « plus d'un » ou « plus d'une », concentrez-vous sur le « **un** » et le « **une** » pour accorder.

Dans notre phrase, vous écrirez donc : « Plus d'**un** acteur **a** déjà fait du théâtre. »

Si « plus d'un » est suivi d'un complément au pluriel :

➡ « Plus d'un des invités … en retard ».

« des invités » est au pluriel (il y en a plusieurs) : alors vous pouvez écrire : « **est** arrivé » ou « **sont** arrivé**s** » qui est correct également mais « **est** arriv**é** » sera à privilégier.

Pour simplifier, je vous conseille de mettre le singulier à chaque fois, ça vous évitera de douter.

Attention, si l'action est réciproque – tournure plus rare – alors vous mettrez du **pluriel** obligatoirement !

Par exemple, vous écrirez : « Plus d'un participant s'échang**ent** des informations. » L'action d'échanger des informations est bien réciproque : ils donnent des informations et en reçoivent également.

On s'entraîne !

CONSIGNE : Complétez les phrases suivantes avec la bonne conjugaison du verbe entre parenthèses.

1. Plus d'un voyageur … par la Bretagne et ses paysages paradisiaques. (être captivé)

2. Plus d'un de tes conseils m'… à progresser. (avoir aidé)

3. Plus d'une collaboratrice … par l'annonce de votre nomination à la tête de cette entreprise. (être surpris)

4. Plus d'une personne … lors des mariages. (se rencontrer)

Solutions page 364

RÈGLE NUMÉRO 102

« sot » , « seau », « sceaux » ou « saut »

Qui est l'actuel Garde des … ?

Quelle est l'explication ?

Aujourd'hui, le « Garde des **Sceaux** », c'est le ministre de la Justice. Et au temps de la monarchie, c'était le chancelier qui proposait les lois et il était assisté du **G**arde des **S**ceaux, chargé d'apposer la marque. Cette marque était appelée « le **sceau** du roi ». Nous la retrouvions sur les écrits officiels. « Le **sceau** » est donc un cachet qui était apposé pour identifier un document, pour garantir qu'il n'avait pas été ouvert.

Il ne faut pas oublier la majuscule à « **G**arde » et à « **S**ceaux » !

« Un **seau** », c'est le récipient avec une anse que les enfants utilisent pour aller à la plage, par exemple.

« **Sot** » est synonyme de « stupide », « idiot ». Au féminin, vous écrirez « so**tt**e » avec deux T.

PAR EXEMPLE : « Je ne pense pas qu'il soit **sot** (= stupide), mais j'ai quand même un doute », vous pouvez dire : « Je ne pense pas qu'elle soit so**tt**e ».

« Un **saut** », c'est un « bond ». C'est un mot de la même famille que « **sauter** ». Voilà pourquoi il y a un « t » à la fin.

Rappel : pensez aux mots de la même famille !

Vous écrirez par exemple : « Il fait du sau**t** en hauteur. »

On s'entraîne !

CONSIGNE : Complétez les phrases suivantes avec « sot », « sceau », « saut » ou « seau ».

1. Juliette a rempli son … de coquillages et a décoré son château de sable.

2. Il a apposé son … sur l'enveloppe et sera certain qu'elle n'aura pas été ouverte.

3. Le … en hauteur est une discipline dans laquelle il excelle.

Solutions page 365

PAUSE ORTHO'

Comment dites-vous « J'en ai marre » dans un langage courant ou dans un langage plus soutenu ?

Si vous parlez français ou que vous l'apprenez, vous devez savoir qu'il y a différentes façons d'exprimer une idée en fonction du contexte. « J'en ai marre » appartient au langage familier. Le langage familier, c'est le langage qu'on emploie plutôt avec son entourage, souvent à l'oral. Il peut comprendre des mots d'argot.

Le langage courant, c'est celui qui est utilisé dans la vie de tous les jours. C'est un langage correct que vous pouvez utiliser à l'oral ou à l'écrit. Pour remplacer « j'en ai marre », vous pouvez donc dire « J'**en ai assez** de ces histoires » ou « je ne supporte plus ces histoires ».

« Je **suis fatigué** de ces histoires. »

Enfin, dans un registre de langue plus soutenu, vous direz : « Je **suis las** de ces histoires. »

Il y a un S au masculin, mais ça se prononce bien « la ».

Au féminin, vous direz : « Je **suis lasse**. »

RÈGLE NUMÉRO 103

« cancérogène » ou « cancérigène » ?

Quel est l'alcool le plus… ?

Quelle est l'explication ?

Les deux mots existent et sont admis aujourd'hui, quel que soit le contexte de la phrase.

« Cancé**ri**gène » est le plus souvent utilisé, rencontré.

Nuance !

Si vous êtes spécialiste dans le domaine de la santé ou que vous voulez être très précis, je vous explique la (petite) différence. Dans l'exemple proposé, il conviendra d'utiliser plutôt « cancé**ro**gène » : « Quel est l'alcool le plus cancé**ro**gène ? »

Une substance « cancé**ro**gène » est une substance qui favoriserait l'apparition d'un cancer, alors qu'une substance « cancé**ri**gène » favoriserait son développement.

On peut également rencontrer « carcinogène » et « oncogène » qui ont la même signification.

Un « virus oncogène » est un virus qui peut rendre cancéreuse la cellule qu'il infecte.

RÈGLE NUMÉRO 104

« cauchemar » ou « cauchemard » ?

J'ai fait un horrible … cette nuit.

Quelle est l'explication ?

Qui n'a pas déjà douté ? « Cauchemar » sans D ou avec un D ?

Je vous donne enfin une explication pour ne plus vous tromper. Alors oui, nous sommes tentés de mettre « cauchema**r** » avec un D car nous pensons aux mots de la même famille, « cauchemarder » ou « cauchemardesque ».

À l'origine, le mot « cauchema**r** » s'écrivait avec un « e » car « mare » signifiait « fantôme ».

Le mot a perdu son « e », mais il n'a pas été remplacé par une autre lettre.

Vous écrirez donc « cauchema**r** » sans « d ».

On s'entraîne !

CONSIGNE : Fermez les yeux et essayez de voir le mot « cauchemar » dans votre tête. Quand c'est le cas, jouez avec ce mot : épelez-le à l'endroit, à l'envers, comptez le nombre de lettres. Quelle est la dernière lettre ? L'avant-dernière ? … Vérifiez. Tout est bon ? Vous pouvez passer à la suite. Sinon, recommencez jusqu'à réussir.

Maintenant, inventez une phrase avec le mot « cauchemar ».

LE CONSEIL DE MADAME L'ORTHOPHONISTE !

Vous pouvez faire cet exercice chaque fois que vous apprenez l'orthographe d'un nouveau mot.

Le visualiser, écrire une phrase pour l'utiliser en contexte : cela permet de consolider les apprentissages et de contrôler ce que vous savez ou non !

RÈGLE NUMÉRO 105

Quelle est la faute dans cette phrase ?

« La connection internet est mauvaise. »

Quelle est l'explication ?

Elle est dans le mot « conne**x**ion ». Ici, on pense à « conne**ct**er », mais ça ne s'écrit pas avec un C et un T pour « conne**x**ion ». C'est un X.

La petite astuce

Vous pouvez, par exemple, vous dire que les deux barres du X sont connectées. C'est un petit moyen mnémotechnique !

La petite info en +

« Réfle**x**ion » s'écrit avec un X, car on dit « réfle**x**e ».

« Éle**ct**ion » et « réa**ct**ion » avec un C et un T car on dit « éle**ct**eur » et « réa**ct**eur ».

On s'entraîne !

CONSIGNE : Inventez un moyen mnémotechnique pour vous souvenir du X.

Une technique intéressante pour ceux qui aiment le dessin : écrivez le mot et trouvez un dessin en rapport avec ce mot qui permettra de mettre en évidence le X.

C'est la technique de l'**orthographe illustrée**. Vous pouvez trouver des livres qui reprennent cette technique mais l'idéal, c'est de trouver vos propres dessins pour les mots que vous avez des difficultés à retenir.

Achetez un petit carnet et complétez-le au fil du temps avec les mots que vous apprenez.

PAUSE ORTHO'

« Sabler » ou « sabrer » ?

Demain, pour votre mariage, nous … le champagne !

Nous « sa**br**erons » ou nous sab**le**rons le champagne ? Les deux se disent mais n'ont pas la même signification.

À l'origine, « sa**bl**er le champagne » signifie boire sa coupe de champagne en une seule fois. Vous pouvez également dire « sa**bl**er un verre de vin ». Cette expression date du XVIIe siècle. À cette époque, on faisait couler un métal dans un moule de sable pour faire des pièces ou des médailles et il fallait le faire couler rapidement (d'un seul coup !) d'où l'extension à l'expression « sa**bl**er le champagne » utilisée pour dire que l'on boit rapidement ou que l'on boit du champagne pour fêter un événement.

Dans la locution « sa**br**er le champagne », vous retrouvez le mot « sa**br**e ». À l'époque napoléonienne, ils faisaient sauter le bouchon d'une bouteille avec une lame pour fêter les victoires. (Je vous déconseille d'essayer bien entendu !).

RÈGLE NUMÉRO 106

« gagner » ou « gagné » ?

Qui va … la Coupe de France cette année ?

Quelle est l'explication ?

Les deux se prononcent de la même façon d'où la confusion fréquente.

La petite astuce

Il faut remplacer par un mot de la même catégorie (un autre verbe) dans lequel vous entendez cette différence.

Utilisons « vendre » et « vendu ».

Si vous pouvez remplacer par « vendre », vous écrirez -ER.

Si vous pouvez remplacer par « vendu », vous écrirez -é.

Essayons avec notre exemple :

Direz-vous : « Qui va vendre / vendu la Coupe de France ? »

➔ Vous direz « Qui va vend**re**… » : vous savez qu'il faut écrire « gagn**er** ».

Dans la phrase : « Ils ont gagn**é** la coupe », vous ne pouvez pas dire « ils ont vendre la coupe » « ils ont vend**u** la coupe », alors c'est « gagn**é** ».

On s'entraîne !

CONSIGNE : Entourez la bonne réponse.

1. Ils ont préparé / préparer les grillades. Apportez les chips et les sauces !

2. Elle préfère sortir avec ses amis en journée et resté / restée / rester seule le soir pour lire des romans.

Solutions page 365

LE CONSEIL DE MADAME L'ORTHOPHONISTE !

Relisez-vous ! Systématiquement avant d'envoyer un message, un e-mail, un courrier.

On peut être « bon » en orthographe, connaître les règles mais laisser échapper des fautes. Une simple relecture vous permettra d'en éliminer un bon nombre.

Certains se disent peut-être : « Comment on fait pour trouver ses fautes quand on ne sait pas ce que l'on cherche ? »

Il existe des techniques pour cela. Vous les retrouverez dans la partie « zoom sur la relecture » de l'ouvrage p. 335.

RÈGLE NUMÉRO 107

« quoique » ou « quoi que » ?

… je dise, elle ne m'écoute pas.

Quelle est l'explication ?

« **Quoique** » peut s'écrire en un seul mot ou en deux mots.

Ici, vous devrez écrire « quoi que » en deux mots : « **quoi que** je dise, elle ne m'écoute pas. » Ça marque une opposition absolue, ça signifie « **quelles que soient** les choses… »

Il y a une certaine logique ! Le mot « quoi » représente ces choses que vous pouvez lui dire.

Autre exemple : « **Quoi que** tu fasses, tu le fais toujours bien. » En deux mots également.

« **Quoique** » en un seul mot signifie « **bien que** ». Ça introduit une opposition qui est plus douce : « une concession ». Vous direz par exemple : « Je t'aime bien, **quoique** tu m'agaces en ce moment. »

La petite astuce

« Quoique » peut être remplacé par « bien que ».

Vous pouvez dire : « Je t'aime, **bien que** tu m'agaces en ce moment. »

On s'entraîne !

CONSIGNE : Complétez les phrases suivantes avec « quoique » ou « quoi que ».

1. « Je viendrai demain, … tu dises. »

2. « ... elle ait un emploi du temps chargé, elle devrait s'accorder du temps pour des activités sportives. »

Solutions page 365

RÈGLE NUMÉRO 108

Est-ce qu'il y a une faute dans cette phrase ?

« Bonne Saint-Valentin ».

Quelle est l'explication ?

Dans « Bonne **S**aint-Valentin », il faut mettre une majuscule à « Saint », un trait d'union et une majuscule à « Valentin ». Il n'y a donc pas de faute dans cette phrase.

Si vous parlez du personnage lui-même, donc du « **s**aint », il n'y a pas de majuscule.

Par exemple, si vous écrivez : « Dans cette basilique, c'est la tombe de **s**aint Pierre. »

Il n'y a pas de majuscule à « saint » car vous parlez du saint lui-même, pas de trait d'union non plus et une majuscule, à « **P**ierre ».

On s'entraîne !

CONSIGNE : À vous de jouer maintenant avec les deux exemples qui suivent.

1. « Sais-tu quand est la … Antoine ? »

2. Ils ont célébré la …-Sylvestre à New York, en famille.

Solutions page 365

RÈGLE NUMÉRO 109

« à nouveau » ou « de nouveau » ?

Je suis … en retard !

Quelle est l'explication ?

Il existe une nuance.

Ici, il est préférable de dire : « Je suis **de** nouveau en retard. »

« **de** nouveau » signifie « une fois **de** plus ».

« Je suis **de** nouveau en retard » = « je suis en retard une fois **de** plus ».

La petite astuce

Vous retrouvez le « de » dans « **de** nouveau » et dans « **de** plus ».

➡ « J'ai adoré ce livre, je vais le lire **de** nouveau. »

« **À** nouveau » signifie « **d'une manière différente** ».

➡ « Ma sauce est trop salée, je vais la faire **à** nouveau » = **différemment** (si vous la faites de la même façon, elle sera encore ratée).

On s'entraîne !

CONSIGNE : Complétez les phrases suivantes avec « de nouveau » ou « à nouveau ».

1. Je vais l'appeler … demain matin car elle n'a pas répondu hier.

2. J'ai fait installer une baignoire à la place de la douche. Bientôt tu pourras … utiliser la salle de bain.

3. Ils ont décidé de donner … une chance à leur couple.

Solutions page 365

RÈGLE NUMÉRO 110

« peut être » ou « peut-être » ?

Il … intéressant de s'inscrire à ce cours.

Quelle est l'explication ?

Comment l'écrivez-vous dans cette phrase ? Sans trait d'union ou avec un trait d'union ? Les deux existent, mais n'ont pas la même signification et ne s'emploient donc pas dans le même contexte.

Ici, vous écrirez donc : « Il **peut être** intéressant » sans trait d'union.

C'est le verbe « pouvoir » avec « peut + être ».

Les deux mots n'ont aucun lien et ne sont pas reliés par un trait d'union.

La petite astuce

Dans cette situation, vous pouvez remplacer « peut » par « pourrait » → il pourrait être intéressant de s'inscrire à ce cours.

« Peut-être » avec un trait d'union marque la **possibilité**, le **doute**.

Vous écrirez par exemple : « Peut-être que je viendrai demain » avec un trait d'union.

On s'entraîne !

CONSIGNE : Complétez les phrases suivantes par « peut-être » ou « peut être ».

1. Si on ne le connaît pas, il … dificile de savoir s'il dit la vérité.

2. … que nous te rendrons visite si nous partons en vacances dans le Sud.

Solutions page 365

RÈGLE NUMÉRO 111

« faites », « défaites », « refaites » ou « satisfaites » ?

Vous … ma curiosité.

Quelle est l'explication ?

Pour ceux qui seraient tentés de dire « Vous satisfaisez ma curiosité », ça ne se dit pas.

« Faire » se conjugue de manière irrégulière. Vous direz donc : « Vous **faites** votre lit. »

Mais c'est souvent sur les dérivés que l'on se trompe.

La règle est assez simple. Ils se construisent de la même façon que « faire ».

Vous direz : « Vous dé**faites** votre lit », « Vous re**faites** votre lit. »

Et « Vous satis**faites** ma curiosité ! »

Même si ce dernier sonne bizarrement !

On s'entraîne !

CONSIGNE : Inventez et écrivez une phrase avec chacun des mots de la règle.

RÈGLE NUMÉRO 112

« vous contredites » ou « vous contredisez » ?

Vous me … toujours
alors que vous n'avez aucun argument.

Quelle est l'explication ?

Les dérivés de « dire » ne se construisent pas tous de la même façon. Vous devrez écrire : « Vous **dites** » et « vous re**dites** ».

Attention, il n'y a pas d'accent circonflexe sur le i. Finalement, ce sont les deux seuls qui se construisent de cette façon.

Vous direz donc : « Vous me contredi**sez** », « Vous médi**sez** », ou encore « Vous pré**disez** l'avenir » ou « Vous vous dédisez ».

Tous ces mots ont pour origine le latin *dicitis* qui signifie « dire », et on retrouve le « t » de *dicitis* dans « vous dites » et vous « redites ». « Dire » et « redire » sont les mots les plus employés et ont gardé l'orthographe d'origine, avec le « t » donc.

Mais progressivement, « isez » est apparu et a été davantage utilisé.

Plusieurs facteurs ont mené à cette évolution en « isez » et ça permet de faire la différence entre les temps.

Par exemple, « vous prédisez » c'est du présent, mais « vous prédîtes », c'est le passé simple de « prédire ».

Vous direz également : « Vous me **contredisez** toujours, alors que vous n'avez aucun argument. »

RÈGLE NUMÉRO 113

« air », « aire », « ère », ou « erre » ?

Les enfants aiment jouer sur cette … de jeux avant d'aller manger une glace.

Quelle est l'explication ?

Il existe plusieurs façons d'écrire ce mot !

Ici, « air**e** » s'écrit avec un E. Une « air**e** » avec un E, c'est une surface, une superficie. C'est un nom féminin.

La petite astuce

Pensez bien à mettre un « e » comme à « surfac**e** » et à « superfic**ie** ».

Vous parlerez de « l'**aire** d'un triangle », mais également de « l'**aire** d'atterrissage d'un aéroport ».

« Ai**r** » c'est le gaz que nous respirons. « Gaz » a trois lettres, « air » également.

Vous direz par exemple : « Je vais prendre l'**air** de la mer » ou : « Il a l'**air** heureux. »

« Une **ère** », c'est une époque.

Moyen mnémotechnique : « **é**poque » commence par un E, « **è**re » également.

Attention, l'accent n'est pas dans le même sens.

Vous direz « l'**ère** chrétienne » ou « l'**ère** quaternaire ».

« **erre** » vient du verbe « errer », qui signifie marcher sans but.

Un synonyme : c'est « s'**é**garer ». Il commence par un E, comme « **e**rrer ».

Vous écrirez par exemple : « J'**erre** dans les rues. »

On s'entraîne !

CONSIGNE : Complétez les phrases suivantes avec la forme qui convient.

1. Il … sans but dans les rues de la ville.

2. Alix a découvert l'… de jeux pour la première fois et il ne veut plus partir !

3. Elle a l'… inquiète !

4. Notre façon de communiquer a changé depuis l'… numérique.

Solutions page 365

RÈGLE NUMÉRO 114

« aucun » ou « aucuns » ?

Ils n'ont obtenu … résultat.

Quelle est l'explication ?

Ici, vous écrirez « aucu**n** » sans « s » comme résultat.

Il est important de s'interroger sur le sens de votre phrase.

➡ « Ils n'ont obtenu aucu**n** résultat » signifie « pas un », « zéro ».

➡ « Ils n'ont pas obtenu **un seul** résultat ». Il n'y en a pas, donc on laisse au singulier sans « s ».

De la même façon, dans : « Il n'y a aucu**ne** raison de reporter » soit « pas **une seule** raison », donc pas de S.

« Aucu**n** » s'écrira presque toujours sans S, sauf s'il se rapporte à un mot qui ne s'emploie qu'au pluriel.

➡ « Frais » : dites-vous « un frais » ? Non ! Vous dites toujours : « **des** frais ». C'est un mot qui ne s'emploie qu'au pluriel.

Vous écrirez donc : « Ils n'ont eu aucun**s** frais bancaires. »

De la même façon, dites-vous « une vacance » ? Non, vous dites : « **des** vacances ».

Il ne s'emploie qu'au pluriel.

Vous devrez donc écrire : « Ils n'ont eu aucun**es** vacances. »

On s'entraîne !

CONSIGNE : Entourez la bonne réponse.

1. Il n'y a aucun problème / aucuns problèmes : tu viens quand tu es prêt !

2. Aucun souci / aucuns soucis !

3. Je n'ai ai aucun frais / aucuns frais bancaires à l'étranger.

Solutions page 365

PAUSE ORTHO'

Nous avons vu deux listes de mots pour lesquels nous hésitons entre dire « un » ou « une », « le » ou « la ».

Il est temps de vérifier ce que vous en avez retenu !

On s'entraîne !

CONSIGNE : Complétez les phrases suivantes avec « un » ou avec « une ».

1. Tous les champs avec … astérisque sont à compléter obligatoirement.

2. Je soulève … haltère de 12 kg.

3. … Wi-Fi n'était pas activé, voilà pourquoi je ne pouvais pas me connecter !

4. Je lui ai donné … horaire pour rentrer mais il n'est toujours pas là.

5. Il a … omoplate et une clavicule fracturées.

6. Il est préférable de mettre … en-tête à ta phrase. Ce sera plus professionnel !

7. Il a fait … adieu sincère à son directeur lors de son départ à la retraite.

8. Il a trouvé … échappatoire remarquable pour ne pas assister au gala de fin d'année organisé par son entreprise.

9. Il dégage … aura apaisante et j'aime sa présence.

10. Ce satellite suit … orbite définie et garde la même trajectoire.

11. … tentacule du poulpe lui permet d'attraper ses proies.

Solutions page 365

« trucage » ou « trucages » ?

C'est un film sans ...

Quelle est l'explication ?

Quand faut-il mettre un S lorsque le mot est précédé de « sans » ?

Tout dépend si le mot se rapporte à une ou plusieurs choses manquantes.

C'est un film « sans trucage**s** » avec un S de préférence, car généralement, dans un film, il y a plusieurs « trucage**s** ».

La petite astuce

Essayez de remplacer par le contraire, c'est-à-dire en utilisant « avec ».

Ici, par exemple, vous diriez : « C'est un film avec **des** trucages » et non « avec **un** trucage ». Et là, vous savez qu'il faut un « s » à « trucage**s** ».

De la même façon : « Elle a une peau sans défaut**s**. » Vous diriez : « Elle a une peau avec **des** défauts » et non « avec un défaut ». Donc un « s » à « défaut**s**. »

Attention : « Il est sorti sans mantea**u** », vous diriez : « Il est sorti avec **un** manteau. »

Donc pas de S à « manteau ».

Parfois, les deux sont possibles :

➡ « Elle est sans opinio**n**. » Si vous dites le contraire, vous pouvez imaginer qu'elle a une opinion ou des opinions, donc « Elle est sans opinio**n**/opinion**s**. »

➡ « J'ai fait cet exercice sans difficult**é**. » Le contraire serait « avec **de la** difficult**é** ou avec **des** difficult**és** ». Vous avez le choix, vous pouvez écrire : « J'ai fait cet exercice sans difficult**é** ou difficult**és**. »

On s'entraîne !

CONSIGNE : Entourez la bonne réponse.

1. Je ne peux pas m'entraîner sans musique / musiques.

2. J'ai acheté une robe sans manche / manches pour ne pas avoir de marques de bronzage.

Solutions page 366

RÈGLE NUMÉRO 116

« renne », « rêne », « Rennes », « reine » ou « raine » ?

Les … coassent aujourd'hui.

Quelle est l'explication ?

Ce n'est pas pour vous piéger, car moi-même, j'ai appris quelque chose.

Ici, il faudra écrire « **raines** ».

C'est un emploi vieilli du mot « grenouille ». Vous pouvez également rencontrer « je raine » du verbe « rainer » qui signifie : « creuser un sillon, faire une rainure ».

« La reine », c'est l'épouse du roi ou une femelle reproductrice comme la reine des abeilles ou la reine des fourmis.

La ville de « Rennes » s'écrira avec une majuscule.

« Le renne » est un mammifère qui ressemble à un cerf et qui tire le traîneau du Père Noël.

Enfin, « rêne », avec un accent circonflexe, est la bride qui sert à guider un cheval.

Il y en a souvent deux, donc on l'emploie au pluriel avec un s.

On s'entraîne !

CONSIGNE : Complétez avec Rennes / reine / rênes / renne

1. La … de … montait son … en tenant les …

2. Il a pris les … de l'entreprise et a permis à tous les salariés de garder leur emploi.

Solutions page 366

RÈGLE NUMÉRO 117

« la plus » ou « le plus » ?

C'est quand elle a eu les premiers symptômes qu'elle était … plus contagieuse.

Quelle est l'explication ?

Spontanément, avec « elle » qui est féminin, on est tenté d'utiliser « **la** » et de dire « la plus contagieuse ».

Or, il faut dire : « C'est quand elle a eu les premiers symptômes qu'elle était **le** plus contagieuse. »

Si la comparaison se fait à lui-même ou à elle-même et signifie que c'est « **au maximum** », alors vous utiliserez « **le** ».

Ici, la phrase signifie que le moment où elle était contagieuse à son maximum était lors des premiers symptômes. Elle était plus contagieuse qu'à d'autres moments. Le contexte de la phrase laisse peu de place à l'interrogation : il s'agit plutôt ici de mettre en évidence qu'elle a été plus contagieuse à certains moments qu'à d'autres et non de comparer la personne à d'autres personnes.

Vous utiliserez « la » si vous vous parlez d'un sujet féminin que vous comparez à une autre personne ou à autre chose. Vous direz par exemple : « C'est **la plus** belle de toutes les fleurs. »

Réfléchissez donc bien au sens de votre phrase.

On s'entraîne !

CONSIGNE : Complétez les phrases suivantes avec « le » ou « la ».

1. C'est en voyant la mer qu'elle est … plus heureuse.

Ça signifie que c'est à ce moment-là qu'elle est heureuse au maximum. Il n'y a pas de comparaison avec d'autres.

2. Aujourd'hui, au bureau, c'était elle … plus fatiguée.

Par rapport aux autres, on compare.

3. C'est à la course qu'elles sont … plus douées.

Dans cette discipline précisément, elles sont douées au maximum. Il n'y a pas de comparaison avec d'autres personnes.

Solutions page 362

RÈGLE NUMÉRO 118

« à faire » ou « affaire »

Je n'aimerais pas avoir … à lui !

Quelle est l'explication ?

Dans la locution « Avoir **affaire à** quelqu'un », « **affaire** » s'écrit en un seul mot.

« Avoir **affaire à** quelqu'un » signifie être en relation avec quelqu'un, avoir une **affaire** à régler avec lui, d'où l'orthographe du mot.

Ça amène souvent l'idée d'un rapport de force.

Vous direz : « J'aimerais avoir **affaire à** votre directeur », c'est-à-dire le rencontrer, être mis en relation avec lui.

Mais il faudra dire : « Demain, je ne serai pas disponible car j'ai beaucoup **à faire**. »

Vous écrirez : « à » plus loin « faire » car ça a la signification de « **à accomplir** ».

On s'entraîne !

CONSIGNE : Complétez par « à faire » ou « affaire ».

1. J'ai encore beaucoup de choses … avant de partir en vacances.

2. Il a eu … à des situations imprévues mais a réagi avec beaucoup de sang-froid.

Solutions page 362

RÈGLE NUMÉRO 119

Je vous souhaites de belles fêtes de fin d'année

Est-ce qu'il y a une faute dans cette phrase ?

Quelle est l'explication ?

C'est une phrase que vous serez amené à écrire une fois cette année ! Mais attention aux fautes !

Je vous explique tout puis je vous présenterai quelques mots que vous utiliserez en fin d'année également.

Ici, il ne fallait pas mettre de S à « souhait**e** ».

C'est le verbe « souhaiter », donc un verbe en « er » et avec « je » qui est ici le sujet, vous ne mettez pas de S mais simplement un « e »… Souvenez-vous ! Nous avons vu cette règle à la page 271. Relisez-la si vous ne la maîtrisez pas.

La faute est fréquente, certainement induite par le « vous ».

Il y a d'autres mots que l'on écrit lors des fêtes de fin d'année et dans lesquels il y a souvent des fautes !

À « f**ê**te », n'oubliez pas l'accent circonflexe !

Il y a souvent plusieurs fêtes, donc un S à « belle**s** » et à « fête**s** ».

« Ann**ée** » se termine par un E comme beaucoup de mots féminins (on dit bien **une** année).

Si vous écrivez : « **J**oyeux **N**oël », n'oubliez pas la majuscule à **J**oyeux et à **N**oël.

Mais attention ! Dans : « Je te souhaite un **j**oyeux Noël », le « j » de « **j**oyeux » sera en minuscule.

« **N**oël » aura toujours une majuscule dans « Joyeux Noël » ou « Je te souhaite un joyeux Noël ». Et n'oubliez pas le tréma sur le « **ë** ».

« Réveillon » signifie étymologiquement « le petit éveil ».

« Le réveillon du 31 », c'est le réveillon de la **S**aint**-S**ylvestre avec des majuscules à **S**aint et **S**ylvestre et un trait d'union.

On dit aussi que c'est « le réveillon du **N**ouvel **A**n » : une majuscule à « **N**ouvel » et à « **A**n ».

Attention !

➡ « Il fête le **j**our de l'**A**n » : j minuscule, mais toujours un A majuscule à « **A**n ».

« Bonne sant**é** » : pas de E à « santé » (eh oui, il y a quelques exceptions dans les mots féminins).

Pour finir, vous « présenterez » vos vœux préférable à « les souhaiter ».

LE CONSEIL DE MADAME L'ORTHOPHONISTE !

Les pense-bêtes !

Une règle plus difficile qu'une autre à retenir ? Accrochez-la au-dessus de votre lit, dans les toilettes, près de votre miroir dans la salle de bain.

Vous la verrez régulièrement et vous la retiendrez !

Et n'oubliez pas d'utiliser des couleurs, des flèches, des dessins… du visuel !

Vous pouvez par exemple en faire un avec la règle 11 et pour les prochaines fêtes, vous connaîtrez l'orthographe de ces mots !

RÈGLE NUMÉRO 120

« voir » ou « voire »

Je pars deux, … trois jours.

Comment les différencier ?

Ce n'est pas le verbe « voir » qui signifie, lui, **percevoir quelque chose**.

« Voir**e** » avec un « e » signifie : « **et même** » ou « **encore** ».

Vous direz par exemple : « J'ai attendu de longs mois, voir**e** des années. » Ça signifie : « J'ai attendu de longs mois **et même** des années. »

Ça sert à introduire une idée plus marquante que la précédente et à lui donner plus de force.

On s'entraîne !

CONSIGNE : Complétez les phrases suivantes avec « voir » ou « voire ».

1. J'étais heureuse, … impatiente, de … mon filleul.

2. Il y a deux, … trois jours, que je lui ai envoyé l'e-mail.

3. Je ne pense pas le … pendant mon séjour à Paris.

Solutions page 362

PAUSE ORTHO'

« Le chien d'Adelle » ou « le chien de Adelle » ?

Vous avez certainement déjà hésité.

« Adelle » commence par une voyelle, un « a ».

Pour faciliter la prononciation, nous évitons que deux voyelles se suivent.

Vous allez donc enlever le E de DE et le remplacer par une apostrophe.

Vous direz donc : « Le chien **d'**Adelle. »

Ça fonctionne avec toutes les voyelles.

Rappel des voyelles : A E I O U Y

Vous direz par exemple « Un livre **d'**Émile Zola ».

ZOOM SUR

la relecture

Quelques astuces de relecture pour ne laisser aucune faute vous échapper !

Aujourd'hui, vous avez des tâches importantes à accomplir, comme l'envoi d'un e-mail crucial, la rédaction d'une lettre de remerciements, d'une lettre de motivation… Cependant, vous avez des inquiétudes quant aux éventuelles erreurs d'orthographe qui pourraient se glisser dans ces documents.

« Je me relis mais je ne trouve pas mes fautes, je ne sais pas quoi chercher ! »

C'est une phrase que j'entends tous les jours !

Et c'est normal : si vous faites ces fautes, c'est bien que, la plupart du temps, vous êtes sûr que les mots s'écrivent ainsi ! Alors comment les débusquer pour les corriger ?

Il existe des techniques. Il y a déjà un principe de base : ne pas tout chercher en même temps. Vous allez faire trois relectures différentes au minimum.

Nombre de fautes sont de simples fautes « d'étourderie ».

Vous connaissez les règles, cependant, la fatigue, la précipitation ou le manque de concentration peuvent parfois entraîner l'apparition de quelques erreurs avant même que vous ne vous en aperceviez. Cela arrive à chacun d'entre nous.

Une relecture attentive vous permettra de les retrouver en grande partie.

Soyez méthodique !

Première relecture : concentrez-vous sur tout ce qui modifie le « son » de votre texte.

→ Traquez les fautes de frappe sur le clavier, les mots et lettres oubliés, en trop, inversés.

→ Stop aux phrases à rallonge. Plus vos phrases seront longues, plus vous risquez de faire des fautes d'orthographe et de syntaxe.

→ Attention à la ponctuation : les virgules, les points… ont leur rôle à jouer pour clarifier votre message. Privilégiez les phrases courtes et relisez-vous à voix haute, cela vous aidera à vous rendre compte de la clarté de votre message.

Deuxième relecture : **vérifiez « que les mots qui doivent aller ensemble vont bien ensemble ».**

Autrement dit : les accords ! Lors de ce deuxième passage, vous vérifierez également la conjugaison, et les petits mots qui se prononcent de la même façon mais s'écrivent différemment (à/a, on/ont, ses/ces/c'est/s'est, ou/où…).

Ainsi, il est indispensable que vous réfléchissiez au **sens** de ce que vous voulez écrire et aux liens que les mots ont entre eux.

PAR EXEMPLE : « des ballon**s** rouge**s** » : il y a un ou plusieurs ballons ? Plusieurs. Vous ajoutez un S pour le signaler.

« Rouge » caractérise le mot « ballon », il doit donc « bien aller », au sens « se mettre d'accord, s'accorder », avec « ballons ».

Si vous mettez un S à « ballon**s** », alors vous devez mettre un S à « rouge**s** ».

Vous connaissez probablement ces règles mais pensez-y en vous relisant !

Attention à la conjugaison également. Il n'y a pas de secret, il faut connaître les terminaisons ou vérifier dans le Bescherelle (ouvrage de référence qui répertorie toutes les conjugaisons et que vous pouvez trouver gratuitement sur Internet) en cas de doute.

Mais là encore, interrogez-vous sur le SENS de ce que vous avez écrit et comprenez les liens entre les mots :

> **PAR EXEMPLE :** « Tu prend**s** ce carnet de notes » : qui « prend » ? C'est « tu » et avec TU, au présent, il faut mettre un S.

Troisième relecture : orthographe d'usage

Elle va porter sur l'orthographe des mots à proprement parler, tels qu'ils sont écrits dans le dictionnaire, selon la norme établie.

Oui, certains mots sont à connaître, ça ne s'invente pas !

Mais voici quelques astuces :

→ Relisez votre texte en partant de la fin, à l'envers, en vous arrêtant bien sur chaque mot.

→ Pensez aux mots de la même famille et à la façon dont ils sont construits. Interrogez-vous sur leur structure pour éviter certaines fautes.

DES EXEMPLES !

Vous savez que « prémoni**t**ion » s'écrit avec un « t » car vous le retrouvez dans le mot de la même famille « prémoni**t**oire ».

Il y a un T à « emprun**t** » car vous pouvez dire « emprun**t**er ».

→ En français, nous avons beaucoup de mots d'origine grecque ou latine !

Je ne vous demande pas d'apprendre le grec ancien ou le latin, rassurez-vous.

Mais vous avez certainement plus de notions que vous ne le pensez !

Prenons l'exemple des mots « pat**h**ologie », « psycho-pat**h**e », « naturopat**h**e », « pat**h**étique ».

Si je vous précise que tous ces mots ont la même racine et viennent du grec *pathos* qui signifie « souffrance, passion », vous comprenez tout de suite mieux pourquoi « path » s'écrit avec un H dans tous ces mots.

Encore une fois, s'interroger sur le sens de ce que l'on écrit permet de lever quelques doutes.

→ Si vous doutez sur l'orthographe d'un mot, l'utilisation d'un brouillon peut vous dépanner.

Écrivez-le de différentes façons sur une feuille de brouillon et une des orthographes vous paraîtra peut-être plus évidente qu'une autre. Ce ne sera pas un hasard : vous avez déjà rencontré ce mot écrit et votre cerveau l'a mémorisé. Il devrait reconnaître la bonne orthographe.

→ Faites l'effort d'aller chercher les mots enfouis dans votre mémoire, dans vos souvenirs. Vous les avez déjà croisés.

→ Vous pouvez utiliser le dictionnaire. Le correcteur d'orthographe peut vous aider, mais attention, il ne corrige pas toutes les fautes d'orthographe. Méfiez-vous des correcteurs déjà intégrés à votre boîte mail.

→ Demandez à un ami ou à un collègue de vous relire et petit à petit, en vous formant, vous allez prendre confiance et devenir de plus en plus autonome.

Naturellement, il existe d'autres erreurs que vous pouvez rechercher. Cependant, si vous consacrez du temps à ces aspects spécifiques et que vous gardez à l'esprit l'importance de faire plusieurs relectures, en ciblant un type de fautes à la fois, vous en éliminerez une grande partie de vos écrits !

Avoir quelques lacunes en orthographe n'est pas irrémédiable : chaque jour, progressez en vous formant.

ZOOM SUR

les méthodes !

Une méthode pour retenir l'orthographe d'un mot

Voici une méthode simple à suivre pour retenir l'orthographe d'un nouveau mot.

Les conseils suivants peuvent donc s'appliquer aussi bien à vous qu'à votre enfant.

Premier conseil

Répartissez l'apprentissage des mots sur toute la semaine : deux ou trois mots par jour à apprendre, pas plus.

Demandez à son enseignant ou son enseignante de donner la liste en avance.

Par exemple, le vendredi soir, il devra apprendre deux ou trois mots.

Le samedi, deux ou trois nouveaux ET vous revoyez ceux de la veille.

C'est mon deuxième conseil : il faut revoir, c'est important de répéter.

Jouez avec les mots !

Copier cinquante fois un mot pour l'apprendre, ça ne fonctionne pas pour tous. Voici quelques questions que vous pouvez lui poser pour l'aider à retenir l'orthographe des mots.

Peux-tu épeler ce mot à l'endroit ? À l'envers ? Quel est le nombre de lettres ? Quelle est la troisième lettre du mot ? La dernière ?

Il devra alors visualiser les mots et il les retiendra plus facilement.

Demandez-lui d'inventer une phrase avec chaque mot. Mettre le mot dans un contexte permettra de mieux le mémoriser.

Exemple avec le mot « horloger ».

Avant de commencer, je me projette : « Je dois retenir ce mot car dans quelques jours, quelques semaines, je vais devoir l'utiliser. »

1. Je photographie le mot « avec mes yeux » puis je le cache

2. J'écris le mot de mémoire puis je vérifie

3. Je ferme les yeux et je joue avec le mot : je l'épelle à l'endroit, à l'envers, je m'interroge ; quelle est la première lettre ? La dernière ? Combien ce mot a-t-il de lettres ? Combien de lettres « dépassent » ? (Ce sont les lettres qui montent : l, t… ou qui descendent : p, j…)

4. J'invente une phrase avec ce mot et je l'écris

Je fais la même chose avec 3 mots par jour maximum.

Le lendemain, j'apprends 3 nouveaux mots ET je vérifie que je me souviens de ceux vus la veille. Si ce n'est pas le cas, je les revois.

Le petit jeu !

Vous pouvez écrire les mots sur des étiquettes (un mot par étiquette) et vous les mettez dans une corbeille ou une pochette à mesure que vous les apprenez.

Vous pouvez demander à quelqu'un de votre entourage d'en piocher un de temps en temps et de vous questionner sur son orthographe.

LE CONSEIL DE MADAME L'ORTHOPHONISTE !

Ravivez les souvenirs !

Si vous apprenez une règle aujourd'hui et que vous n'y pensez plus du tout pendant un mois, elle sera malheureusement perdue dans les méandres de votre esprit !

La mise en mémoire et la consolidation de l'information suivent un processus en plusieurs étapes. Voici une approche pratique pour vous aider à vous en souvenir :

Après avoir appris une règle, accordez-vous une petite heure avant de la rappeler à votre mémoire. Posez-vous des questions sur ce que vous en avez retenu. Le lendemain, refaites l'exercice : de quoi vous souvenez-vous ?

En pratiquant cette réactivation fréquente, vous renforcez les connexions neuronales associées à cette règle. Vous augmentez vos chances de vous en souvenir efficacement.

N'oubliez pas : une révision régulière est la clé pour éviter que la règle ne s'évapore.

La petite info en +

La courbe de l'oubli, développée par le psychologue Hermann Ebbinghaus, décrit la manière dont les informations sont progressivement oubliées au fil du temps en l'absence de rappel. Selon cette courbe, l'oubli est plus rapide au cours des premières heures et des premiers jours après l'apprentissage, puis ralentit par la suite.

Réactivez régulièrement vos connaissances peu de temps après l'apprentissage : dans les heures ou les jours qui suivent, puis à intervalles réguliers, en augmentant graduellement le temps entre chaque révision.

ZOOM SUR

le sens des mots !

C'est un point sur lequel je veux insister. Très souvent, vous faites des fautes que vous pourriez éviter. Lorsque je vous amène à vous questionner, vous retrouvez ces fautes et vous me dites : « *Mais oui bien sûr ; c'est logique !* »

Mais parfois, on écrit de façon automatique, sans réfléchir au sens de ce que l'on écrit.

Quand vous rédigez un message, une lettre, questionnez-vous sur le sens et particulièrement sur les liens entre les mots.

Voici quelques questions à vous poser en écrivant ou lors de la relecture :

- Quelle est l'action principale de la phrase ? Déterminez ce qui se passe ou ce qui est dit à propos du sujet.
- Qui fait cette action ? Repérez les mots ou expressions qui apportent des informations supplémentaires sur le sujet ou l'action. Qui « subit » l'action ou en est l'objet ?
- Quand se passe l'action principale ? Quand se passent les différentes actions les unes par rapport aux autres ? Cela vous permettra de savoir quel temps de conjugaison vous devez utiliser et de faire concorder les différents temps.

- Quelles sont les relations entre les mots ? Cherchez les petits mots qui indiquent les liens entre les différents éléments de la phrase (et, sur, avec…)
- Assurez-vous de comprendre à quoi font référence les « petits mots » comme « lui », « elle », etc.

PAR EXEMPLE : Ils le lui donnent.

Ici vous ne pouvez pas savoir à quoi ou à qui les petits mots « **ils, le, lui** » font référence. Mais dans le contexte de la phrase, du texte, vous devez pouvoir le retrouver. Alors, interrogez-vous !

« **Ils** » renvoie à quoi/qui ? « **le** » et « **lui** » font référence à quoi, à qui ? C'est nécessaire pour conjuguer correctement.

En répondant à ces questions, vous pourrez analyser la structure et le sens de la phrase de manière plus approfondie, en vous concentrant sur les relations entre les mots et en décodant leur signification. Ainsi vous éviterez de nombreuses fautes d'orthographe !

Solutions des entraînements

Règle numéro 1 « a » ou « à »

1. Il est arrivé **à** midi.
→ Ici, vous ne pouvez pas dire « avait midi » donc vous ne pouvez pas utiliser le « a » du verbe avoir.

2. Il hésite **à** partir en vacances.

3. Il **a** plu tout le weekend et elle **a** dû renoncer **à** partir en randonnée.
→ Ici, vous ne pouvez pas dire « avait partir » donc il faut écrire « à ».

Règle numéro 2 « ou » ou « où »

1. Où partez-vous en vacances cet été ?
→ On parle d'un lieu donc c'est « où » qu'il faut utiliser. N'oubliez pas la petite flèche, à la place de l'accent, qui désigne le lieu !

2. Ou c'est une blague, **ou** c'est l'information la plus stupéfiante que j'aie jamais entendue.
→ Ici, vous pouvez remplacer « ou » par « ou bien », il faut donc les écrire sans accent.

3. Sais-tu **où** je peux acheter ce canapé ?

Règle numéro 4 « les majuscules »

1. bretonne (car on ne parle pas de l'habitant)

2. mexicaine (il s'agit du cas particulier de « elle » est égal à « mexicaine ». Selon les recommandations de l'Académie française, il ne faut pas mettre de majuscule)

3. Marseillais (car on parle des habitants)

4. chinois (car il s'agit de la langue)

Règle numéro 5 « cession » ou « session » ?

1. session

2. cession (avec un « c » car le mot est de la même famille que « céder »)

3. session

Règle numéro 8 « 3 fautes »

1. Je repein**s**

2. Il join**t**

3. Tu crains
→ Ce sont des verbes en -INDRE (repeindre, joindre, craindre) donc ils perdent leur D lorsqu'on les conjugue.

Règle numéro 10 « mille », « milles » ou « mil » ?

1. mill**e** (c'est le nombre et il est invariable donc, pas de s)

2. mi**l** ou mill**e** (c'est une date)

3. mille**s** (c'est l'unité de mesure à laquelle il faut mettre un s) car il y en a trois.

Règle numéro 11 « fesons » ou « faisons » ?

1. faisant

2. faisiez

3. faisons
→ Vous retrouvez le AI de « faire ». Pensez à la racine des mots pour vous aider !

Règle numéro 12 « euro » ou « euros » ?

1. euros (ici, il faut bien prendre en compte le « deux » qui est juste avant « euros » pour accorder)

2. 1,5 kil**o** (il y a moins de deux unités donc, pas de s)

3. 1,90 mètr**e**

Règle numéro 14 « prolongement » ou « prolongation » ?

1. prolongation (c'est une notion de temps)

2. prolongation

3. prolongement (c'est une notion d'espace)

4. prolongement

Règle numéro 15 « entretien » ou « entretient » ?

1. entretient (vous pourriez dire : « Il entretenait »)

2. entretiens (vous ne pourriez pas dire « il aura plusieurs entretenait »)

Règle numéro 17 « on est » ou « on n'est » ?

1. On n'est (le mot « rien » indique la négation donc il ne faut pas oublier le « n' »)

2. On n'a (le mot « jamais » indique la négation)

3. On a (c'est une phrase affirmative)

4. On informe

Règle numéro 20 « c'en », « s'en », « sans », « sens », « sent » ou « sang » ?

1. cent (il s'agit du nombre)

2. sang

3. sens (du verbe « sentir »)

4. sent **5. sans**

6. s'en **7. s'en**

Règle numéro 21 « accueillir » ou « acceuillir » ?

1. accueil

2. accueillerons

Pause ortho : 6 formulations à connaître

Exercice 1

1. apporter (on parle d'éléments inanimés portés)

2. amener (c'est une personne et quelqu'un la dépose à la gare)

3. emporter (dans la valise il n'y a que des objets, donc des « inanimés » ; on met l'accent sur le point de départ)

4. emmènes (il s'agit de personne et il ou elle va rester avec les enfants en vacances)

Exercice 2

1. chez le

2. à vélo (« en vélo » est admis mais « à vélo » est à privilégier)

3. amènes (vous les déposez seulement, vous ne restez pas avec eux)

4. apporte (vous portez la bouteille)

5. allé (il y a une notion de mouvement)

6. de

Règle numéro 22 « les couleurs »

1. marro**n**

2. émeraud**e**

3. noir**s**

Règle numéro 23 « c'est » ou « s'est » ?

1. **c'**est (car il s'agit de la contraction de « cela est »)

2. **c'**est

3. **s'**est (il s'agit du verbe « s'évader » dans lequel on retrouve le « s' » de « s'est ») ; **c'**est

Règle numéro 25 « plein » ou « pleins » ?

1. plein**s** (vous pourriez dire : « sont remplis de produits »)

2. plei**n** (vous pourriez remplacer « plein » par « beaucoup » donc il n'y a pas de « s »)

3. plei**n**

Règle numéro 26 « finals » ou « finaux » ?

1. **finals ou finaux**, les deux sont possibles

2. **finals ou finaux**, les deux sont possibles mais « finals » est à privilégier car il qualifie des personnes.

3. glaci**als**

4. banc**als**

Règle numéro 29
« éminent » ou « imminent » ?

1. L'**éminent** (on parle ici d'un professeur remarquable)

2. imminente (il ou elle est sur le point d'arriver)

3. éminent

Règle numéro 30
« appel » ou « appelle » ?

1. appe**lle** (vous ne pouvez pas dire : « ma nièce un appel Juliette »)

2. appe**l** (vous pouvez remplacer par : « un appel »)

3. appe**l**

Règle numéro 31
« envoi », « envoie » ou « envoies » ?

1. envoi**s** (vous ne pouvez pas remplacer par expédie)

2. envoi**es** (vous pouvez dire : « tu expédies »)

3. envoi**e** (au sens de : « elle expédie »)

4. envo**i** (vous ne pouvez pas dire : « Je prépare l'expédie »)

Règle numéro 32
« j'ai mis », « j'ai mit » ou « j'ai mi » ?

1. mis (le féminin de « mis » est « mise » donc il faut un « s »)

2. pris (le féminin de « pris » est « prise » donc il faut un « s »)

Règle numéro 33
« leur » ou « leurs » PARTIE 1 ?

1. leu**r** (il n'y a qu'un seul drapeau breton pour tous les Bretons)

2. leur**s** (ils ont plusieurs dents)

Règle numéro 34
« fatigant » ou « fatiguant » ?

1. fati**ga**nte (vous pouvez remplacer « fatigante » par « pénible » alors il ne faut pas de « u »)

2. fati**gu**ant (vous pouvez dire « en se fatiguant ». Il s'agit du participe présent du verbe « se fatiguer »

3. fati**gu**ant

4. fati**g**ant (vous pouvez remplacer par « est si pénible »)

Règle numéro 37
« leur » ou « leurs » PARTIE 2 ?

1. eux

2. lui

3. eux

Règle numéro 38
« ces » ou « ses » ?

1. ses (ce sont les siens)

2. ses

3. ces ou **s**es, les deux sont possibles (tout dépend si vous parlez de « ses chaussures » c'est-à-dire « les siennes » ou de « ces chaussures », c'est-à-dire celle-ci)

4. ces mots (ce sont « ces mots-là », ils n'appartiennent à personne).

Règle numéro 39
« entrain » ou « en train » ?

1. entrain (il danse de manière dynamique)

2. en train (c'est « en cours » alors « en train » est aussi en deux mots)

Règle numéro 42
« différent » ou « différend » ?

1. différen**d** (c'est-à-dire un « désaccord »)

2. différen**t** (vous pourriez dire : « chaque personne est différente », il faut donc un « t »)

Règle numéro 43
« censés » ou « sensés » ?

1. censé

2. censé

3. sensée (sa réponse a du sens)

4. sensée

Pause ortho :
Et si on mélangeait les « ses », « ces », « c'est » ou « s'est » ?

1. c'est (cela est)

2. s'est (il s'agit du verbe « s'endormir »)

3. ses ou ces, les deux sont possibles (tout dépend du contexte : si on parle de « ses questions », c'est-à-dire « les siennes », alors il faut mettre un « s ». Si on parle de « ces questions-là », qui n'appartiennent à personne alors il faut écrire « ces »)

4. ses (ce sont « les siens »).

Règle numéro 45
« repère » ou « repaire » ?

1. rep**aire** (c'est-à-dire « leur refuge »)

2. rep**ère** (c'est-à-dire de « marque »)

3. rep**ères**

Règle numéro 47
« tout » ou « tous » ?

1. tous (« tous » est suivi du nom commun « les chocolats » qui est masculin et pluriel)

2. tout (c'est-à-dire « complètement » qui est suivi par l'adjectif « excitée » féminin et commence par un E (voyelle) ; « tout » est invariable)

3. tous

4. tout (va avec « le quartier » qui est au singulier)

5. tout (va avec « le monde »)

6. toutes (= « entièrement fanées ». Le mot « fanées » n'est pas un nom commun et commence par la consonne F. « Toutes » doit donc bien allé avec « fanées » et avoir les mêmes marques du féminin + pluriel).

7. Tous

Règle numéro 49
« prend » ou « prends » ?

1. rends

2. attends

3. peint

4. plains

5. défends

Règle numéro 50
« prêt » ou « près » ?

1. prêt (= « Je suis disposé à… ». Vous pourriez dire : « Je suis prête à… », il y a donc un « t » à « prêt »)

2. prêt

3. près (Il est suivi de « de » donc c'est « près » avec un « s »)

4. près (Il est suivi par « de »)

5. près

Règle numéro 51
« ranimer » ou « réanimer » ?

1. ranime

2. ranimé

3. réanimer (ici on parle du domaine médical, de la « réanimation », il faut donc écrire « réanimer » avec un « é »)

Règle numéro 52
Quelle est la faute ?

1. fait (= Je me suis fait couper les cheveux. Comme il y a le verbe « couper » juste après, vous ne pouvez pas accorder « fait » si vous êtes une femme)

2. fait

Règle numéro 54
« paye » ou « paie » ?

1. J'**essaie** ou j'**essaye** (le « e » final ne se prononce pas)

2. Il **emploie** (c'est le verbe « s'employer »)

3. effrayez (c'est la seule orthographe possible car le « e » n'est pas muet ensuite)

Règle numéro 55
« tabou » ou « taboue » ?

1. tabous (le mot « tabous » vient préciser comment sont les sujets. Il doit donc « bien aller » avec le mot « sujets » qui est masculin et pluriel).

2. tabou (dans le sens d'un interdit).

Règle numéro 57
« ai », « ait » ou « aie » ?

1. aies (il y a le mot « que » avant. C'est un indice pour savoir comment écrire « aies ». Si vous le remplacez par « nous » vous entendrez la différence : « il faut que nous ayons ». Vous savez alors que c'est du subjonctif et non du présent)

2. ait

Règle numéro 58
« résoud » ou « résous » ?

1. résou**s** (« résoudre » fait partie des trois exceptions des verbes en -soudre et perd son « d »)

2. dissou**t** (« dissoudre » fait aussi partie des exceptions et avec il ou elle, il perd son « d » qui est remplacé par un « t »)

3. absou**t** (la dernière exception !)

4. cou**ds** (« coudre » fonctionne *normalement*. N'oubliez pas, on coud avec un dé)

5. mou**ds**

Règle numéro 59
« notre » ou « nôtre »

1. n**o**tre (vous pouvez le remplacer par « nos esprits d'équipe »)

2. n**o**tre

3. n**ô**tre

4. n**ô**tres

Règle numéro 60
« on » ou « ont » ?

1. o**n**

2. on**t** (vous pourriez le remplacer par « avaient ». Il faut donc écrire « ont » avec un « t » comme dans « avaient ») ; o**n** ; o**n**

3. o**n**

Pause ortho :
On dit « trop » ou « très » ?

1. trop (c'est-à-dire en excès)

2. trop

3. très

Règle numéro 61
« convaincre »
ou « se convaincre » ?

1. Je convain**cs**

2. Tu convain**cs**

3. Il convain**c**

4. Ils se convain**quent**

5. Je vain**cs**

Règle numéro 62
« j'ai fais » ou « j'ai fait » ?

1. J'ai fai**t**

2. Tu as fai**t**

3. Nous avons fai**t**
→ « fait » se termine avec un « t » car son féminin est « faite »

Règle numéro 63
« or » ou « hors » ?

1. hors de sa portée (« hors » signifie ici « en de**hors** » de sa portée)

2. or (c'est-à-dire « et pourtant »)

3. hors (soit « en dehors ») / **or** (soit « et pourtant »)

Règle numéro 64 « acquérir »

1. j'ai acqu**is** ou j'acqu**iers**

2. nous acquér**ons** ou nous acquerrons (si vous faites référence au futur)

3. vous acquér**ez** ou vous acquerrez (si vous faites référence au futur)

Règle numéro 66 « attention » ou « inattention »

1. inattention

2. attention (cela signifie : « par manque d'attention »)

Règle numéro 68 « sorti » ou « sortie » ?

1. mang**ées** (ce sont les framboises (féminin et pluriel) qui sont mangées)

2. parti (c'est « il » qui est parti)

3. devenue (c'est « elle » qui est devenue)

Règle numéro 69 « gagné » ou « gagnés » ?

1. Vous avez termin**é**

2. Elle a visit**é**

3. Ils ont célébr**é**
→ Dans ces trois phrases, la partie 1 (cf. la règle) est « avoir » et lorsque vous écrivez « terminé », « visité » et « célébré », vous n'avez pas encore écrit ce qui est terminé, ce qu'elle a visité ou ce qu'ils ont célébré : vous n'accordez pas. Vous mettez « é » à la fin

Règle numéro 70 « mangé » ou « mangée » ?

1. rend**u**

2. rendus (on a déjà écrit ce qui a été rendu, ici il s'agit « des dossiers » donc il faut accorder « rendu » avec « dossiers »)

3. achet**é** (on n'a pas encore écrit ce qui a été acheté, il n'y a donc pas d'accord)

4. achet**ées** (ce sont « les crêpes » et le mot est écrit avant « achetées », donc il faut accorder)

Règle numéro 71 « inquiet » ou « inquiète » ?

1. fan**ées** (les fleurs sont des êtres inanimés. Elles ne peuvent pas prendre « un air ». « fanées » s'accorde avec « fleurs »)

2. content**e** (ce n'est pas un objet inanimé)

Règle numéro 72 « au temps » ou « autant » ?

1. au temps (vous admettez vous être trompé)

2. autant (ce qui exprime une notion de quantité)

Règle numéro 73 Quelle est la faute ?

1. on n'a plus besoin (le « plus » indique la négation)

2. on embauchera

Règle numéro 74
« pris », « prit » ou « pri » ?

1. compris (car son féminin est « comprise »)

2. appris (car son féminin est « apprise »)

Règle numéro 75
« courons » ou « courrons » ?

1. nous cour**rons**

2. je cour**rai**
→ Les deux phrases sont écrites au futur. « L'année prochaine » et « ce week-end » vous l'indiquent. Il ne faut donc pas oublier les deux « r ».

Règle numéro 76
« quel.s », « quelle.s » ou « qu'elle » ?

1. quel (il se rapporte au dessert, qui est un mot masculin, on dit : « **un** dessert », et s'écrira donc au masculin également)

2. quelle (se rapporte à « météo » qui est féminin, on dit : « **la** météo »). On écrit donc « quelle » au singulier et au féminin.

3. qu'elle (vous pouvez dire : « qu'il est agréable cet appartement ». « Il » est alors l'équivalent de « elle »)

Règle numéro 79
« compréhensible » ou « compréhensif » ?

1. compréhensif (vous pourriez dire : « ma professeure est compréhensive », c'est-à-dire : « elle est indulgente »)

2. compréhensible (c'est-à-dire « intelligible » dans cet exemple)

3. compréhensible

4. compréhensive

Règle numéro 80
« flemme » ou « flegme » ?

1. flegme (soit « avec beaucoup de calme »)

2. la flemme (soit « je n'ai pas le courage »)

Règle numéro 81
« pertinemment », « pertinement » ou « pertinament » ?

1. intelligem**ment** (dérivé du mot : « intelligent » dans lequel on entend « en » et qui se termine par « en », donc on garde le « e » et on double le « m »)

2. récem**ment**

3. galam**ment** (dérivé de « galant » dans lequel on entend « an » et qui se termine par « -ant », donc on garde le « a » et on double le « m »)

4. régulière**ment**

Règle numéro 82
« arrivés » ou « arrivées » ?

1. rentr**ées** (« on » est égal à « deux femmes », alors on accorde en mettant la marque du féminin et du pluriel)

2. tomb**és** (« on » est égal à « des hommes et des femmes ». La règle de l'accord veut que nous mettions « és » à la fin)

3. all**és** (« on » est identifié par « des hommes », il faut donc accorder en mettant la marque du masculin et du pluriel)

4. responsabl**e** (ici le « on » n'est pas clairement identifié. Il fait référence à tous les êtres humains et a donc la valeur de « il » ou de « elle ». Il faut donc l'écrire au singulier)

Règle numéro 84
Quelle est la faute ?

1. re**ç**u

2. aper**ç**u

3. fran**ç**ais

4. cru**c**ial

5. cas**c**ades

Règle numéro 85
« cent » ou « cents » ?

1. cen**t** (il n'est pas multiplié ni suivi par un autre nombre, il ne faut donc pas de « s »)

2. cen**ts** (il est multiplié et n'est pas suivi par un autre nombre)

3. cen**t** (soit « centième » dans cette phrase)

Règle numéro 86
« quatre-vingt » ou « quatre-vingts » ?

1. ving**ts** (il est multiplié et suivi par un autre nombre il faut donc un « s »)

2. ving**t** (il n'est pas multiplié ni suivi par un autre nombre, donc pas de « s »)

3. Ving**t**

Règle numéro 87
« ce » ou « se » ?

1. ce (vous pouvez désigner, montrer les hêtres et les peupliers.

2. ce (vous pourriez remplacer par « cela est »)

3. se (il s'agit du verbe « se laver »)

Règle numéro 88
« se souvenir » ou « se rappeler » ?

1. souviens (il y a le petit mot « de » ; on « se souvient de » quelque chose)

2. rappelle (on dit : « se rappeler » quelque chose)

Règle numéro 89
« convainquant » ou « convaincant » ?

1. convain**c**ant (vous pouvez dire : « Elle a été convaincante »)

2. communi**c**ant (vous pouvez dire : « C'est une bonne communicante »)

3. communi**qu**ant (vous ne pouvez pas le mettre au féminin)

4. convain**qu**ant (vous ne pouvez pas le mettre au féminin)

Règle numéro 90
Quelle est la faute ?

1. rang**e** (« range » se termine par un « e »)

2. réveill**e**-toi (« réveille » se termine par un « e »)

3. prend**s** ton temps (pas de « e » à « prends » donc il faut mettre un « s »)

4. v**a** (« va » se termine par un « a »)

5. mange**s** (« mange » se termine par un « e » mais, dans cet exemple, il est suivi de « en », alors, pour faciliter la prononciation, il faut mettre le « s » qui permet de faire la liaison entre « manges » et « en »)

6. appell**e** (attention à ne pas oublier le trait d'union)

7. t'inquièt**e**

Règle numéro 92
« public » ou « publique » ?

1. publi**c** (vous pourriez remplacer « public » par « les spectateurs » en conservant le même sens)

2. publi**c** (dans la locution « bon public », « public » s'écrit avec un « c » car il a le sens de « spectateurs », bien qu'il soit difficile de le remplacer mot pour mot ici)

3. publi**c** (« public » est lié au mot « jardin » alors il doit « bien aller » avec « jardin » qui est masculin : on dit : « **un** jardin ») et singulier (on parle d'**un** seul jardin). « publi**c** » est au masculin et au singulier également

4. Publi**ques** (« publiques » est ici lié au mot « ressources » qui est féminin et pluriel)

Règle numéro 93
Est-ce que tout est correct ?

1. blan**c** et noi**r**. Un chien a deux couleurs : le pelage est blanc avec des taches noires

2. jaun**e** et blan**c**. Une fleur a deux couleurs : les pétales sont blancs et le centre est jaune

3. 2 réponses possibles. beig**e** et dor**é** : cela signifie qu'il y a deux couleurs sur un même rideau

beige**s** et doré**s** : certains rideaux sont entièrement beiges, d'autres entièrement dorés. Il y a une seule couleur par rideau.

Règle numéro 94
« bleu foncé » ou « bleus foncés » ?

1. La phrase est correctement orthographiée : « bleu » et « turquoise » qualifient le même mot « l'eau » et ils sont invariables.

2. La phrase est fausse : pas de « s » à « jaune » ni à « pâle ».

Règle numéro 95
« viendrai » ou « viendrais » ?

1. pourr**ai** (vous pourriez remplacer par : « pourrons » et non « pourrions » alors il faut mettre le verbe au futur et donc sans « s »)

2. pourr**ais** (vous remplaceriez par : « nous pourrions », donc il faut un « s » à « pourrais » car c'est du conditionnel)

3. souhaiter**ais** (vous pourriez remplacer par « nous souhaiterions »)

4. souhaiter**ai** (vous pourriez dire « nous souhaiterons »)

Règle numéro 96
« appelle » ou « appelles » ?

1. j'admire

2. tu danses

3. nous veillons

Règle numéro 98
Quelle est la faute ?

1. écout**er** (attention, ici « vous » ne fait pas l'action « d'écouter ». Vous pourriez dire : « Il ne peut pas vous "vendre" », il faut donc mettre de l'infinitif)

2. arriv**ez** (c'est « vous » qui « arrivez », il faut donc mettre une terminaison en « ez »)

3. estim**er** (vous pourriez dire : « Si je devais vendre cette bague… ». « vendre » est la forme « endormie » du verbe, c'est-à-dire qu'il est à l'infinitif, autrement dit il n'est pas conjugué) donc vous écrirez « estimer » dans sa forme endormie également.

Règle numéro 100
« cours », « cour », « courre » ou « court » ?

1. cours de piano (soit un enseignement)

2. chasse à **courre**

3. le **court** de tennis (soit le terrain sur lequel on joue) / les **cours** (soit les heures d'enseignement)

Règle numéro 101
« a » ou « ont » ?

1. est captiv**é**

2. m'**a** ou m'**ont** aid**é** (car il y a « tes » avant « conseils »)

3. est surpris**e**

4. se rencontr**ent** (l'action est réciproque donc la terminaison est « ent »)

Règle numéro 102
« sot », « seau », « sceaux » ou « saut » ?

1. seau (soit le récipient)

2. sceau (soit le cachet que l'on appose sur une enveloppe)

3. le saut (qui vient du verbe « sauter »)

Règle numéro 106
« gagner » ou « gagné » ?

1. prépar**é** (il peut être remplacé par « vendu » ici)

2. rest**er** (il peut être remplacé par « vendre » ici)

Règle numéro 107
« quoique » ou « quoi que » ?

1. quoi que (soit : « quel que soit ce que tu diras… »)

Règle numéro 108
Quelle est la faute ici ?

1. saint (on parle du saint lui-même, il n'y a donc pas de majuscule à « saint »)

2. **S**aint (c'est la fête alors il y a une majuscule)

Règle numéro 109
« à nouveau » ou « de nouveau » ?

1. de nouveau (soit je vais l'appeler « une fois de plus »)

2. à nouveau

3. de nouveau (soit une chance « de plus »)

Règle numéro 110
« peut être » ou « peut-être » ?

1. peut être (soit « pourrait être »)

2. peut-être (car il exprime la possibilité)

Règle numéro 113
« air », « aire », « ère » ou « erre » ?

1. erre

2. aire

3. air

4. ère

Règle numéro 114
« aucun » ou « aucuns » ?

1. aucu**n** problème

2. aucu**n** souci

3. aucu**ns** frais (« frais » n'existe qu'au pluriel, on ne dit pas : « un frais » mais toujours : « des frais ». « Aucuns » doit « bien aller » avec « frais » et prendre la marque du pluriel également, c'est-à-dire un « s »)

Pause ortho page 318

1. un astérisque

2. un haltère

3. le Wi-Fi

4. un horaire

5. une omoplate

6. un en-tête

7. un éloge

8. une échappatoire

9. une aura

10. une orbite

11. un tentacule

Règle numéro 115
« trucage » ou « trucages » ?

1. sans musique (si vous tournez la phrase différemment, vous direz plutôt : « Je ne peux pas travailler avec de **la** musique » et non « des musiques »)

2. sans manches (une robe « avec des manches », il y en a souvent deux, donc il faut un « s » à « manches »)

Règle numéro 116
« renne », « rêne », « Rennes », « reine » ou « raine » ?

1. La **reine** de **Rennes** montait son **renne** en tenant les **rênes**.

2. rênes (cette expression signifie qu'il dirige désormais l'entreprise)

Règle numéro 117
« la plus » ou « le plus » ?

1. le plus heureuse

2. la plus fatiguée

3. le plus douées

Règle numéro 118
« à faire » ou « affaire » ?

1. à faire (soit à accomplir)

2. affaire (il s'est trouvé confronté à des situation imprévues)

Règle numéro 120
« voir » ou « voire » ?

1. voire / voir (peut-être même impatiente / voir = rencontrer)

2. voire (soit peut-être même)

3. voir (rencontrer)

Merci

Merci à vous, lecteurs de ce livre, mes abonnés sur les réseaux sociaux. Vos questions, vos suggestions de règles d'orthographe, vos messages de remerciement et de soutien participent au développement de tous ces nouveaux projets.

Mes patients. Vous êtes au quotidien la source d'inspiration de ma pédagogie.

Mes partenaires professionnels. Vous avez permis la meilleure réalisation possible de cet ouvrage.

Et MERCI particulièrement à vous, ma famille, mes très chères amies et amis. Merci d'être dans ma vie.

N’hésitez pas à me suivre
sur Instagram et TikTok !

Dépôt légal : octobre 2023
ISBN : 9782380158281
Achevé d'imprimer en octobre 2023 en Espagne par Liberdúplex